DEPRESSÃO E BIPOLARIDADE
Um guia prático para entender e cuidar

PEDRO DO PRADO LIMA

DEPRESSÃO E BIPOLARIDADE
Um guia prático para entender e cuidar

Ilustrações de Ana Pereira do Prado Lima

Texto de acordo com a nova ortografia.

Primeira edição: primavera de 2023
Esta reimpressão: primavera de 2024

Capa: Ivan Pinheiro Machado
Ilustrações: Ana Pereira do Prado Lima
Preparação: Jó Saldanha
Revisão: Nanashara Behle

CIP-Brasil. Catalogação na publicação
Sindicato Nacional dos Editores de Livros, RJ.

L71d

    Lima, Pedro Antônio Schmidt do Prado
    Depressão e bipolaridade: um guia prático para entender e cuidar / Pedro Antônio Schmidt do Prado Lima; ilustração Ana Pereira do Prado Lima. – 1. ed. – Porto Alegre [RS]: L&PM, 2023.
    168 p. ; 21 cm.

    ISBN 978-65-5666-461-3

    1. Depressão mental. 2. Transtorno bipolar. 3. Doenças mentais. 4. Saúde mental. I. Lima, Ana Pereira do Prado. II. Título.

23-85799   CDD: 616.895
                          CDU: 616.895

Gabriela Faray Ferreira Lopes - Bibliotecária - CRB-7/6643

© Pedro Antônio Schmidt do Prado Lima, 2023

Todos os direitos desta edição reservados a L&PM Editores
Rua Comendador Coruja, 314, loja 9 – Floresta – 90.220-180
Porto Alegre – RS – Brasil / Fone: 51.3225.5777

Pedidos & Depto. Comercial: vendas@lpm.com.br
Fale conosco: info@lpm.com.br
www.lpm.com.br

Impresso no Brasil
Primavera de 2024

Este livro não seria possível sem o incentivo e revisão do manuscrito por Melanie Ogliari Pereira, Luiza Pereira do Prado Lima e Ana Pereira do Prado Lima.

SUMÁRIO

Introdução 13

PARTE I – O diagnóstico
  1. O que é humor?..17
  2. As duas doenças do humor................................18
  3. Os transtornos de humor são doenças
     dimensionais e não categoriais 19
  4. Quais os sintomas da depressão? 20
  5. Não existe só um tipo de depressão, há vários tipos 27
  6. Melancolia...28
  7. A depressão atípica 29
  8. A depressão mascarada 30
  9. Depressão com sintomas psicóticos 32
  10. Depressão sazonal..34
  11. Depressão unipolar ou bipolar? 35
     O que é mania e o que é hipomania? 35
     Quais os sintomas da mania e da hipomania 36
     Assim como na depressão, a mania pode ser
       acompanhada de sintomas psicóticos? 40
     Como diferenciar uma depressão unipolar da
       depressão do transtorno de humor bipolar 40
     As dimensões da depressão 44
     Tipos de depressão 45
     A depressão com estado misto............................47

Quais os tipos de transtorno de humor bipolar
    podemos ter?..49
Dimensões do transtorno de humor bipolar 50
O temperamento hipertímico.......................................51
O transtorno de humor bipolar pode confundir-se
    com a ansiedade 57
O transtorno de humor bipolar pode confundir-se
    com o transtorno de personalidade borderline.........59
A evolução da depressão e do transtorno de
    humor bipolar...60
O suicídio..62

PARTE II – Por que ocorrem os transtornos de humor?

1. A genética..67
2. A epigenética 69
    Um exemplo de epigenética relacionada à depressão....70
3. A neuroquímica 72
    Os neurotransmissores 73
    O BDNF 75
    O eixo hipotálamo-hipófise-adrenal e o cortisol...........76
4. Os eventos de vida e o estresse crônico 79
    Voltando ao humor 79
    O estresse crônico..81
    A relação entre inflamação e transtornos de humor......82
        A inflamação que ocorre nos transtornos de
        humor pode provocar doenças físicas e
        doenças físicas inflamatórias podem provocar
        depressão 84
    O exercício físico e a inflamação 85
5. Doenças e medicamentos podem provocar
depressão e transtorno de humor bipolar 85

Antidepressivos desencadeando mania ou hipomania....87
Substâncias psicoativas 88
É uma via de mão dupla, transtornos de humor podem provocar doenças físicas 89
6. Circuitos cerebrais 90

PARTE III – Os tratamentos
1. Por que usar medicamentos na depressão? 95
2. Por quanto tempo usar os medicamentos? 96
3. Como é feito o tratamento do transtorno de humor bipolar? 97
   O que é importante para o tratamento da mania ou da hipomania 97
   O que é importante para o tratamento da depressão bipolar 98
   O que é importante para a profilaxia do transtorno de humor bipolar 100
4. Os medicamentos antidepressivos 101
   Os inibidores seletivos da recaptura de serotonina (ISRS) 102
      A popularização do uso de antidepressivos 102
      Qual o mecanismo de ação dos inibidores seletivos da recaptura de serotonina? 103
      Qual o efeito clínico dos ISRS? 104
      Quais os efeitos colaterais do ISRS? 106
   A parada abrupta dos antidepressivos serotonérgicos 108
Antidepressivos duais 108
   Efeitos benéficos dos antidepressivos duais 109
   Efeitos colaterais dos antidepressivos duais 110

- Antidepressivos tricíclicos 110
  - Como funcionam os antidepressivos tricíclicos? ... 111
  - Efeitos colaterais dos antidepressivos tricíclicos 111
- Bupropiona 112
- Vortioxetina 114
- Mirtazapina 115
- Agomelatina 115
- Trazodona 116
- Vilazodona 116
- IMAO 117

5. Tratamento da depressão refratária 118
   - Cetamina 120

6. Os medicamentos estabilizadores do humor 121
   - Lítio 122
     - Quando o lítio é eficaz? 123
     - Como o lítio é usado? 124
     - Quem não pode usar lítio? 124
     - Os efeitos colaterais do lítio 125
     - A parada do lítio 127
   - Carbamazepina (Tegretol) 127
   - O ácido valproico (Depakene) e o divalproato (Depakote) 129
   - Lamotrigina (Lamictal) 130
   - Antipsicóticos 130
     - Amissulprida (Socian) 131
     - Olanzapina (Zyprexa) 132
     - Quetiapina (Seroquel) 132
     - Aripiprazol 133
     - Brexipiprazol (Rexulti) 133
     - Lurasidona (Latuda) 134

    Tratamentos usando equipamentos 134
        ECT (eletroconvulsoterapia) 134
        Fototerapia 136
        Estimulação magnética transcraniana.................... 138
        Estimulação cerebral profunda 138
    Psicoterapias... 139
        Psicanálise e psicoterapia de orientação analítica..... 142
        Terapia cognitivo-comportamental 142
        Terapia de esquemas 143
        Terapia dialética.. 144
        Terapia processual 145
    Medidas relacionadas ao estilo de vida que são
    úteis para o tratamento... 145
        Sono 145
        Exercício físico.. 146
        Alimentação 147
        Álcool... 150
        Drogas.. 150
        Rede social (família e amigos).............................. 151

Conclusões 153

Referências 155

Caderno de ilustrações 159

INTRODUÇÃO

Era início do outono, o tempo estava chuvoso. Subitamente sentiu uma pequena tristeza, uma discreta inquietação. Os dias passavam e essa sensação persistia. Por ocasiões estava inquieto, tenso, um pouco irritado, até com alguns tiques. Soprava as mãos e, quando tentava evitar, ficava mais ansioso. Mais alguns dias e a angústia surgiu, um aperto no peito que se transformava em opressão, quase uma dor. Acordava sempre pior, melhorava um pouco no decorrer do dia. Até que foi atacado por uma sensação de vazio, coisas que lhe davam normalmente prazer não provocavam nada. Só sentia dor e medo, a tristeza já era intensa. No início uma certa perplexidade, após surgiu a desesperança. Isolava-se, perdeu o apetite e emagreceu. Também perdeu a vontade sexual. Passou a acordar muito cedo e ficar com muito medo de sair da cama. O nada misturado com o sofrimento o esperava. A dor era grande, dormia à tarde para evitar sofrer e acordava pior. O que estava acontecendo? Quando isto vai passar? Será que vai passar? A morte passou a ser desejada. Em alguns momentos queria somente morrer, em outros queria estraçalhar seu corpo, atirando-se na frente de um ônibus. Sentia pena de todos, mas o pior era a culpa, culpa de coisas que não tinha culpa. Assim, intensa, durou pouco mais de um mês. Foi melhorando como chegou, lentamente. Mas alguns sintomas persistiram durante anos.

Esta descrição poderia ter acontecido em qualquer momento da história ou da pré-história da humanidade. A depressão não é uma doença moderna, como muitos acreditam. Desde sempre, alguns de nós sofreram ou sofrem de depressão, ou de alguma doença do humor. Ela é uma doença cuja origem está no funcionamento do cérebro, e não é uma fraqueza.

O objetivo deste livro é explicar, para quem não é profissional da área, a depressão e o transtorno de humor bipolar. Explicar para aquele que sofre dessas doenças e para seus familiares ou simplesmente para aquele que é curioso sobre o assunto. Espero que seja uma leitura útil e agradável, apesar de tratarmos aqui de algo que pode causar tanto sofrimento a tanta gente.

PARTE I
O DIAGNÓSTICO

1. O que é humor?

O humor se refere a uma emoção generalizada e contínua, é um estado interno subjetivo. Por exemplo, uma pessoa que está de luto pela perda de um parente próximo e querido pode rir de uma piada engraçada, ter prazer com uma conversa interessante, mas a sua emoção de fundo é de tristeza. Esta situação exemplifica o que é o humor do ponto de vista médico.

O humor norteia nosso comportamento. Quando o humor é mais negativo (no luto por exemplo), a pessoa se sente entristecida, com menos prazer ou interesse, menos vontade ou iniciativa, menos energia, menos confiança em si e interage menos com outras pessoas, ela tem mais facilidade de identificar riscos ou problemas. Portanto o humor interfere na forma como vemos a nós e ao mundo, modulando o comportamento.

O humor também pode ser mais positivo, quando essa mesma pessoa está em um momento bom em sua vida. Neste caso ela terá tendência a se sentir mais alegre, com mais prazer, interesse, vontade, iniciativa, energia e confiança em si, e pode desejar interagir mais com outras pessoas, além disto estará mais propensa a identificar as oportunidades que ocorram.

Ou seja, o humor pode oscilar dentro de uma faixa em que as extremidades correspondem a estar mais positivo ou negativo e o centro, a estados neutros (ver Figura 1)*. Ele é determinado pela interpretação que fazemos sobre o que está ocorrendo conosco e tem como função modular nosso comportamento.

---

* As figuras estão localizadas no caderno de ilustrações ao final do livro.

Essa modulação do comportamento propiciada pelo humor nos torna mais eficientes, porque permite nos adaptarmos às circunstâncias que estamos vivendo. Nem sempre devemos estar otimistas e investir nossa energia e recursos, por outro lado, há momentos em que isso é desejável. É o humor que, influenciando nossas emoções e nossos comportamentos, nos torna flexíveis e adaptados.

2. As duas doenças do humor

De modo geral, há duas doenças do humor: a depressão e o transtorno de humor bipolar. Dentro do que vimos acerca do humor, a depressão é um estado em que o humor negativo, sem motivo condizente, ou tendo um motivo identificado, ficou excessivamente negativo. Como não é o que devia estar acontecendo, essa mudança do humor não é adaptativa, não ajuda, ao contrário, leva a perceber o ambiente e a si de forma mais negativa do que deveria e a tomar decisões sob a influência desse viés excessivamente negativo.

Já no transtorno de humor bipolar, a mudança inadaptada do humor pode ocorrer nos dois sentidos, tanto "descendo" (excessivamente negativo) quanto "subindo" (excessivamente positivo), provocando comportamentos e emoções que não deveriam estar ocorrendo naquele momento e que podem trazer consequências nefastas à pessoa que sofre dessa condição, levando-a a interpretar o mundo e a si de forma errônea e a tomar decisões baseadas nesse viés inadequado.

Ou seja, a estrutura comum dos transtornos de humor, seja a depressão unipolar ou o transtorno de humor bipolar, é que o humor está errado para aquela situação, acarretando um comportamento inadequado para o sucesso naquele contexto e, no caso da fase depressiva, sofrimento.

3. Os transtornos de humor são doenças dimensionais e não categoriais

Aqui gostaria de introduzir um novo conceito, o de dimensão ou de categoria. Qual a diferença? Para explicar, o melhor é usar exemplos. Categoria é a cor dos olhos, que podem ser castanhos, azuis ou verdes. A pessoa cai em uma categoria, que é bem delimitada, não há transição. Já a dimensão é a altura, é um contínuo. Quando consideramos uma mulher alta? A partir de 1,7 metro? Mas e se ela mede 1,69 metro, não é alta? É tão diferente assim 1,69 de 1,7 metro, ou nós dizemos que uma mulher é alta a partir de 1,7 metro em função de ser um número redondo?

Doenças também podem ser categorias ou dimensões. Ter um câncer, por exemplo, um melanoma, é uma categoria. A pessoa tem ou não tem. Já a diabetes é uma dimensão. A partir de quando consideramos diabetes em um paciente? Quando a glicose de jejum é no mínimo 100, 120? Foi uma grande coincidência da natureza este número tão perfeito, 100? Afinal, qual a diferença da glicose de jejum 97, 98, 99, 100, 101 ou 102? Nenhuma em termos práticos, o mesmo paciente dependendo do dia apresenta variações de sua glicose em jejum. Ou seja, a diabetes é uma doença dimensional, em que alguns pacientes estão tão doentes que vão para a CTI, outros usarão insulina, outros, dois medicamentos hipoglicemiantes orais, outros um, para outros somente uma dieta será o suficiente, em um contínuo entre os casos mais graves e os mais leves, não se sabendo bem qual o seu limite inferior, a partir de que ponto mínimo podemos considerar uma pessoa diabética.

Os transtornos de humor, tanto a depressão quanto o transtorno de humor bipolar, são doenças dimensionais, com alguns pacientes apresentando a doença intensamente e outros, de forma mais leve. Nestes casos mais leves, o desafio do diagnóstico é maior, já que a doença pode passar desapercebida. Pode parecer que aquelas alterações façam parte do espectro normal das variações de humor, sem de fato fazê-lo.

4. Quais os sintomas da depressão?

Agora que ficou claro que a depressão é uma dimensão, em que os sintomas podem ocorrer em maior ou menor intensidade, ou mesmo certos sintomas não ocorrerem, podemos examinar o que os pacientes com esta doença sentem.

É importante salientar que nenhum destes sintomas é obrigatório, podem ocorrer ou não durante um episódio depressivo. Entretanto é importante que alguns se manifestem para que o diagnóstico possa ser feito.

Como esperado, **tristeza** é um sintoma de depressão. Claro que podemos estar tristes sem estarmos deprimidos, assim como podemos sentir falta de ar após um esforço físico sem estarmos com insuficiência cardíaca (quando o músculo do coração não tem a força suficiente para bombear a quantidade necessária de sangue durante algum esforço físico, surge este sintoma típico da insuficiência cardíaca, que é a sensação de falta de ar a esforços pequenos). A pessoa pode reconhecer que não há uma razão para esta tristeza, mas muitas vezes quem sofre de depressão identifica um motivo. Entretanto, apesar de muitas vezes ter certeza deste motivo (por exemplo, algum problema de relacionamento, financeiro...), a causa é a depressão e não algo externo. Somos assim: se estamos tristes temos a tendência de acharmos um porquê, sem que necessariamente isto seja verdadeiro. A pessoa sente a tristeza e outras pessoas notam que ela está triste. Esta tristeza pode levar ao choro. "Estou para baixo" é uma das formas de descrever a tristeza. A tristeza pode ser intensa ou leve, e é um sintoma muito frequente, mas eventualmente pode não estar presente.

Também frequente é a **diminuição do interesse ou do prazer** por atividades que antes provocavam estes sentimentos. Estes sintomas podem levar ao abandono do lazer ou à diminuição do contato com outras pessoas. O trabalho e as obrigações do dia a dia passam a ser executados com dificuldade ou mesmo são negligenciados e evitados. Essa falta de interesse e de prazer pode levar a uma **sensação de vazio**. A expressão que os médicos usam para descrever essa falta de prazer é **anedonia**.

Algumas depressões se apresentam com **ansiedade**, que pode ser descrita como apreensão (um sentimento relacionado ao medo). Essa ansiedade, apreensão, medo ou sensação de estar com os nervos à flor da pele pode ser percebida como sem motivo, ou, ao contrário, ser identificada com um ou mais motivos. Entretanto, é possível que esses mesmos motivos não provocassem ansiedade caso a pessoa não estivesse deprimida. A ansiedade é geralmente acompanhada de sintomas físicos, como aumento da frequência cardíaca (o coração dispara), tremor ou suor frio nas mãos, sensação de falta de ar, cólicas ou diarreia e inquietude. Assim como os demais sintomas, pode ou não estar presente e, se presente, pode ser fraca ou intensa.

Angústia é outra sensação que pode ocorrer na depressão. O que é angústia? Normalmente quem sente angústia a descreve como uma sensação de agonia, um aperto no peito. Esse sintoma geralmente provoca muito sofrimento.

Desesperança e **pessimismo** também podem estar presentes. Nada vai acontecer de bom, planos desejados não se realizarão, não haverá futuro. Desesperança e pessimismo levam a pessoa a desistir, a não tentar ou não se engajar. Como tomar uma decisão positiva nessas condições? Como construir algo antecipando a derrota? Pode ocorrer uma sensação de impossibilidade face a qualquer oportunidade que se apresente. Como tentar algo sentindo que não há chances de dar certo?

A **autoestima** pode estar baixa, a pessoa se sente incapaz, feia, burra, pobre ou qualquer outro sentimento depreciativo. Como você deve estar percebendo, além desses sintomas poderem ser provocados pela depressão, um pode piorar o outro em uma espiral negativa. Desesperança e pessimismo podem piorar a ansiedade e a angústia, autoestima baixa pode piorar a desesperança e o pessimismo, e assim por diante ("como alguém tão incapaz pode solucionar problemas tão insolúveis?").

Sentimento de **culpa** também pode ocorrer. Uma culpa sem motivo, sem culpa real. Geralmente quem sofre de depressão encontra algum motivo para essa culpa, geralmente um motivo banal ou algo que claramente não é motivo. Mas somos assim: se sentimos culpa, deve ser por algo que fizemos, temos a tendência de identificar um motivo. Isto porque, em uma pessoa sem depressão, o sentimento de culpa é provocado por um fato. Ou seja, se sentimos culpa, deve haver um motivo. Mas na depressão, em geral, não há motivo para esse sentimento, ele é um sintoma da doença, do mau funcionamento de circuitos cerebrais e da cognição distorcida provocados por ela.

Até aqui, vimos vários sentimentos ligados à depressão. Fatos do ambiente podem agravá-los. Mesmo uma oportunidade positiva, como uma nova possibilidade de emprego, é vista como negativa (não serei capaz, não vai dar certo...) e os sentimentos de ansiedade, angústia, desvalia e culpa podem surgir ou aumentar. Nesse caso, a pessoa que está sofrendo de depressão manteve sua capacidade de resposta ao ambiente e, interpretando tudo negativamente, sofre com qualquer acontecimento. Entretanto alguns pacientes com depressão ficam mais ou mesmo indiferentes ao ambiente, às notícias; os acontecimentos positivos ou mesmo negativos não os influenciam, restando encapsulados em seu sofrimento. Ficam indiferentes ao mundo exterior objetivo. O nome deste sintoma é **apatia**, que pode ser descrita como uma dificuldade de sentir emoções que acaba provocando indiferença em relação a tudo.

Impaciência e **irritação** também podem ocorrer. Quando a depressão é crônica e mais leve, podem ser os sintomas mais facilmente percebidos, a pessoa é vista como mal-humorada. Os idosos usavam um termo para descrever isso, *neurastenia*. Lembro de meu pai, que nasceu em 1894, descrevendo algum conhecido seu como neurastênico, o que significava que era mal-humorado, irritado e negativo, porém esse termo desapareceu nas novas gerações. Neurastenia não era uma gíria; era um termo médico oriundo da psiquiatria norte-americana que definia o estado de pacientes que hoje diríamos que sofrem de uma depressão crônica e leve. Popularmente ficou a noção de mau humor.

Outro sentimento que frequentemente acompanha a depressão é a sensação de **falta de energia** ou de **fraqueza**. Relacionados a estes, a sensação de **cansaço**. Essas sensações, junto com outras, podem levar a pessoa a abandonar tarefas e se sentir incapaz de enfrentar o dia a dia.

Pacientes com depressão podem ficar **lentos**. Essa lentidão pode ser percebida de várias formas. Por exemplo, quando é feita uma pergunta, podem demorar mais tempo para responder. Podem falar menos, as frases podem ser mais curtas, muitas vezes respondendo perguntas com sim ou não. A voz pode ficar mais baixa, com menos expressão, e as palavras serem pronunciadas mais lentamente do que o habitual. Os gestos e a mímica facial também podem ficar com menos expressão. A pessoa tende a ficar mais parada, mudando menos de posição quando, por exemplo, está sentada. Quando caminha, pode balançar menos os braços e os passos serem mais curtos (neste caso, com tendência de tropeçar). Pessoas lentificadas pela depressão têm a impressão de estar com o raciocínio lento e de que o tempo não passa.

Caso haja a associação entre essa lentidão e a ansiedade, o paciente pode gesticular, mas caracteristicamente usando somente as mãos e o antebraço, permanecendo o braço mais imóvel; ao caminhar, os passos continuam pequenos e o paciente vai e vem, não se deslocando por distâncias maiores; pode falar bastante, mas sempre sobre um mesmo assunto, em geral ligado a preocupação ou culpa.

A depressão também pode ser acompanhada de sintomas que chamamos **neurovegetativos**, como alterações do **sono**, do **apetite** e de **ritmos** do nosso corpo. O apetite pode diminuir ou pode aumentar, diminuindo ou aumentando o peso consequentemente. A libido e o interesse sexual normalmente diminuem. Insônia pode ocorrer, sendo a mais característica aquela que ocorre no final ou no meio da noite, quando o paciente acorda e não consegue mais dormir. Entretanto, também pode haver dificuldade para iniciar o sono. Existem casos de depressão em que a pessoa apresenta o contrário, grande sonolência durante o dia. Os sintomas da depressão podem ser piores em determinados horários, o mais comum é ao acordar, mas alguns pacientes experimentam piora à tardinha. A piora matinal não ocorre por haver um dia inteiro pela frente; ela ocorre porque o ritmo habitual de nosso organismo geralmente se altera na depressão. É muito comum perder o sono de madrugada e este pode ser o momento em que os sintomas são mais frequentes.

A depressão também altera a **cognição**. A **memória** pode ficar prejudicada de duas formas: ou porque a capacidade de gravar e lembrar diminui, ou porque o paciente somente tem facilidade de se lembrar do que é negativo. Nesse caso, uma pessoa pode ter ido dez vezes em um local e em nove ocasiões ter tido uma experiência positiva, mas, estando depressiva, vai tender a lembrar somente da única ocasião negativa.

A **atenção** também pode estar diminuída, podendo levar uma pessoa deprimida a cometer erros. O **raciocínio** pode ficar lento e indeciso. Por fim, podem surgir **ruminações**, pensamentos negativos repetitivos e constantes.

Outro sintoma frequente é o **viés negativo**, que é tanto emocional quanto cognitivo. Ele pode ocorrer em muitas situações, por exemplo no pensamento, quando as coisas tendem a ser interpretadas de forma negativa – aquilo que é descrito como olhar a metade vazia do copo. Mas não é só no pensamento; a pessoa com depressão tende a lembrar mais de fatos negativos do que positivos, prestar mais atenção e reconhecer mais expressões faciais negativas do que positivas etc. Este é um fato que torna a depressão mais sofrida ainda, pois torna falsamente negativa a percepção do passado, do presente e do futuro.

Pacientes com depressão podem desejar a morte sem ter risco de **suicídio** ("seria melhor morrer, não vejo sentido na vida, em estar vivo..."), mas também podem planejar e tentar o suicídio. Neste caso devem ser protegidos, como veremos adiante. Aqui é importante ressaltar que um suicida frequentemente dá algum aviso. Portanto, aquela frase "quem quer se suicidar não avisa" é totalmente falsa.

Vou ressaltar novamente: nenhum desses sintomas é obrigatório para o diagnóstico de depressão, entretanto, alguns deles devem estar presentes. E a intensidade deles também pode variar muito.

TABELA 1. Sintomas da depressão (nenhum é obrigatório para o diagnóstico, mas alguns devem estar presentes)

- Tristeza, sentir-se para baixo
- Choro
- Diminuição do interesse e do prazer por atividades que antes provocavam interesse ou prazer (anedonia)
- Diminuição do contato com outras pessoas
- Sensação de vazio
- Ansiedade e seus sintomas físicos (coração acelerado, suspiros, sensação de falta de ar etc.)
- Angústia, sensação de aperto no peito
- Desesperança
- Pessimismo
- Baixa autoestima
- Sentimento de culpa
- Indiferença, apatia
- Impaciência, irritação
- Falta de energia, fraqueza, cansaço
- Lentidão psicomotora
  Demorar mais tempo para responder
  Falar menos, frases curtas, muitas vezes respondendo com sim ou não
  Voz mais baixa, com menos expressão
  Palavras pronunciadas mais lentamente do que o habitual
  Gestos e a mímica facial com menos expressão
  Corpo mais parado, mudando menos de posição
  Balançar menos os braços quando caminha e dar passos mais curtos
  Sensação de que o tempo passa mais lentamente

- Sono alterado (diminuído ou aumentado), insônia no meio ou final da noite, ou muito sono durante o dia
- Apetite diminuído, podendo perder peso, ou aumentado, podendo aumentar o peso
- Diminuição da vontade sexual
- Variação da sintomatologia durante o dia; em geral piora matinal ou após dormir, menos frequentemente piora à tardinha e à noite
- Alterações cognitivas
  Dificuldade de prestar atenção
  Dificuldade de memória
  Raciocínio lento
  Ruminações negativas
  Indecisão
- Viés emocional negativo, tendência a ver a si e ao mundo de forma negativa
- Ideias de morte, desejo da morte ou mesmo planos ou tentativas de suicídio

5. Não existe só um tipo de depressão, há vários tipos

Nós podemos classificar as depressões de várias formas. Pela intensidade, pelo tipo de sintomas que se manifestam, se são unipolares ou bipolares, se são em episódios ou contínuas. Sendo em episódios, o que é o mais comum, podemos classificá-las levando em conta a duração, frequência e número deles. Cada uma dessas características nos diz muito sobre o tipo de tratamento que será adotado e o que pode acontecer sem o tratamento. A seguir vamos examinar alguns desses tipos de depressão.

6. Melancolia

Nos primórdios da medicina, textos gregos de aproximadamente meio século antes de Cristo já descreviam a depressão. Naquela época, considerava-se que era provocada pela bile negra e essa é a origem do nome (μέλας, ou melas, quer dizer preto, escuro, e χολή, ou kholé, quer dizer bile).

Os psiquiatras usam hoje este termo para designar uma depressão que tem determinadas características, como a perda do prazer por todas ou quase todas as atividades, assim como perda da reação a estímulos prazerosos; piora dos sintomas durante a manhã; insônia no final da noite; importante perda de apetite e peso; lentidão (a pessoa quase não fala, e quando fala é com a voz baixa, lentamente e sem expressão, as frases são muito curtas, as vezes só uma palavra, propondo poucos assuntos na conversação ou desenvolvendo muito pouco os assuntos propostos, fica com uma expressão vazia, com a mímica do rosto inexpressiva ou mais frequentemente com uma expressão de sofrimento que é monótona, tem gestos pobres, fica muito tempo na mesma posição, caminha com passos curtos, sem balançar os braços, parece lenta e parada e por fim tem a sensação de falta de energia e de que o tempo não passa). Às vezes ocorre uma agitação e, nesse caso, o paciente às vezes fala, mas sempre sobre o mesmo assunto, sobre o seu sofrimento ou seus temores, pode mexer as mãos, mas não os braços, pode caminhar, mas geralmente vai e volta no mesmo lugar. Também é uma característica melancólica uma culpa intensa e desproporcional, muitas vezes por coisas que a pessoa não tem nenhum controle ou responsabilidade. Por fim, um outro sintoma é uma qualidade, um humor que é diferente de quando se perde uma pessoa querida, quando se está de luto.

A melancolia indica uma maior intensidade do quadro depressivo e que o tratamento com medicamentos deve ser usado.

7. A depressão atípica

Depressão atípica é aquela cujos sintomas não são os mais característicos da depressão. Ela é bastante frequente e pouco diagnosticada, em torno de 25% das depressões têm características atípicas. Na depressão típica, aproximadamente metade dos pacientes menciona uma piora dos sintomas pela manhã, enquanto na depressão atípica essa piora ocorre à tardinha ou à noite. Nas depressões típicas, em geral há uma diminuição do apetite e consequentemente do peso, na atípica com frequência se observa o contrário, um aumento do apetite e do peso. Geralmente na depressão ocorre insônia, sobretudo no meio e no final da noite; já o paciente com depressão atípica frequentemente tem um aumento no sono e sonolência durante o dia. Um outro sintoma estranho é o que se chama de "paralisia de chumbo", uma sensação de peso nos braços e nas pernas.

Outra característica da depressão atípica que é oposta à depressão normal é que os pacientes são muito sensíveis ao meio ambiente, melhorando quando há notícias ou perspectivas positivas e piorando quando o oposto ocorre. Na depressão típica, os pacientes são relativa ou completamente impermeáveis a boas notícias ou perspectivas, e às vezes até às negativas. Essa melhora face a situações positivas foi um dos fatores que levaram a uma demora no reconhecimento da depressão atípica como sendo uma depressão.

Por último, é comum uma característica de personalidade nas pessoas que sofrem de depressão atípica (um jeito da pessoa mesmo quando ela não está deprimida): ter uma sensibilidade maior do que o normal à rejeição social. É normal sentir-se mal quando se é rejeitado ou abandonado por outra pessoa. Mas pessoas que apresentam depressão atípica sofrem muito mais intensamente nestas situações e muitas vezes veem rejeição e sofrem em situações em que não estão sendo rejeitadas. O sofrimento e a resposta comportamental a esta acaba tendo em geral consequências negativas tanto nos relacionamentos quanto profissionalmente, mesmo quando a pessoa não está deprimida. Essa característica de personalidade lembra um pouco a sensibilidade à rejeição e ao abandono que ocorre no transtorno de personalidade borderline.

Tabela 2. Diferenças da depressão atípica e da depressão típica

Depressão atípica	Depressão típica
Piora à tardinha e à noite	Piora matinal
Aumento do apetite	Diminuição do apetite
Aumento do peso	Diminuição do peso
Aumento do sono, sonolência de dia	Insônia na metade e final do dia
Sensação de peso nos braços e pernas	
Humor muda conforme o ambiente	Humor muda pouco ou não muda conforme o ambiente
Personalidade com sensibilidade grande à rejeição social	

8. A depressão mascarada

A depressão mascarada, como o próprio nome diz, é uma depressão que se apresenta de forma diferente do usual. Como a pessoa ou não informa ou não sente os sintomas típicos da depressão, o diagnóstico pode ser difícil de ser feito. Sem diagnóstico, sem tratamento! Pior ainda, a pessoa pode queixar-se de sintomas que são típicos de outras doenças, e esses sintomas podem levar o médico a se engajar em pesquisas diagnósticas longas e infrutíferas, com exames, custos, perda de tempo e sofrimento desnecessários.

Normalmente os pacientes se queixam de sintomas físicos, dores no corpo, tonturas, palpitações, falta de ar, náusea e outros problemas. Quando esses problemas são investigados, em geral os resultados dos exames são normais ou não explicam as queixas.

Uma pesquisa muito interessante publicada em 1994 (Kroenke et al., 1994) demonstrou uma relação entre o número de queixas físicas que um paciente refere ao ir ao médico e a possibilidade de, na verdade, ele estar sofrendo de um transtorno de humor. Se o paciente tinha uma ou nenhuma queixa física, a chance de apresentar um transtorno de humor era de 2%, se tivesse duas a três queixas, a chance já subia para 12%, já entre os que se queixaram de quatro a cinco sintomas físicos, a chance de sofrer de um transtorno de humor (sobretudo depressão) subia para 23%. E assim por diante: 44% dos que tinham seis a oito queixas e 60% dos que tinham nove ou mais queixas físicas apresentavam depressão. Em outro estudo (Ohayon e Schatzberg, 2003), 44% dos pacientes com depressão apresentavam pelo menos uma queixa física (dores articulares, nos membros, de cabeça ou sintomas gastrointestinais) por pelo menos seis meses, número que é quatro vezes maior do que o esperado na população.

Quando uma pessoa apresenta uma queixa física há duas possibilidades: primeiro, que essas queixas podem ser devido a uma doença que o paciente apresente, portanto elas têm uma explicação. Nesse caso, ou elas aumentam a chance dessa pessoa ter depressão ou a depressão aumenta a chance de uma pessoa ter uma doença física ou, ainda, a pessoa percebe ou sofre mais com sintomas físicos que, sem a depressão, nem perceberia. Na verdade, as três possibilidades ocorrem. Mas há outra possibilidade: que a queixa seja inexplicável, ou seja, que realizando toda uma investigação diagnóstica, com exames os mais diversos, nada de objetivo do ponto de vista físico seja encontrado. Esta situação não é rara e faz com que muitas pessoas que sofrem de depressão se engajem em consultas com diferentes médicos, que "não encontram nada", retardando assim o único tratamento eficaz para o seu sofrimento: o tratamento da depressão, que é a causa desses sintomas.

A depressão mascarada é mais comum em determinadas situações, como, por exemplo, em idosos. A cultura também é importante, ela modifica a forma como as pessoas expressam o seu sofrimento. Na cultura latina (o caso do Brasil), a expressão mascarada da depressão é mais comum do que na cultura anglo-saxônica.

9. Depressão com sintomas psicóticos

O que são sintomas psicóticos? São delírios e alucinações. Delírios são crenças falsas não vinculadas à cultura. Por exemplo, um judeu ou um muçulmano ortodoxo podem ficar com medo de estarem pecando por terem comido carne de porco. Para a maioria das pessoas parece absurdo acreditar nisso, mas faz parte da cultura dessa pessoa e não é um delírio. Cada cultura tem seu sistema de crenças que eventualmente pode soar como absurdo a pessoas de outra cultura. Por outro lado, se a mesma pessoa achar que o seu vizinho está colocando escondido carne de porco na sua comida, aí é um delírio, no caso um delírio de perseguição ou paranoide. Já as alucinações são falsas percepções. Por exemplo, alucinações auditivas são ruídos ou vozes que não existem e que a pessoa refere estar escutando.

Pode haver depressões com esses sintomas psicóticos, ou seja, depressões acompanhadas de delírios ou alucinações. Mas esses sintomas somente acontecem durante o episódio de depressão, não continuam ocorrendo depois que passa o episódio de humor (se isso acontecer, devem ser pesquisados outros diagnósticos). Portanto a ocorrência de delírios e alucinações não é sinônimo de esquizofrenia, como muitos pensam.

Os delírios e alucinações podem ser congruentes ou não ao humor. Por exemplo, alguém com uma depressão melancólica que se sente culpado por todos os infortúnios de sua família, ou alguém que acredita, tendo uma boa condição financeira, que está na completa miséria, tem delírios congruentes ao humor, no caso de culpa e de ruína. Por quê? Porque ideias e sensações de culpa e de ruína são típicas da depressão. Já alguém que se sente perseguido por minicâmeras escondidas tem um delírio incongruente ao humor, no caso, um delírio paranoide. É incongruente porque a desconfiança não é um sintoma típico da depressão.

Ocorre o mesmo em relação às alucinações. Por exemplo, vozes que acusam de erros cometidos são congruentes ao humor, vozes que mandam bater em outra pessoa são incongruentes ao humor.

Um tipo muito raro, mas curioso, de delírio relacionado à depressão leva o nome do psiquiatra francês que o descreveu pela primeira vez, no final do século XIX. Chama-se delírio de Cotard. A pessoa que sofre de delírio de Cotard acredita que está morta e podre, pode sentir o cheiro de podridão e perceber seu corpo se decompondo. Parece absurdo haver uma pessoa que, falando, argumente que está morta e apodrecendo, mas é exatamente assim. Às vezes o delírio de Cotard se manifesta de forma parcial. Por exemplo a pessoa sente cheiro de podre.

Há dois significados na ocorrência dos sintomas psicóticos na depressão. O primeiro é que estes sintomas são mais comuns (apesar de não serem frequentes) na depressão bipolar do que na unipolar. O outro é de intensidade, de gravidade do quadro, dentro daquela noção de que a depressão abrange desde casos leves, (em que nem se tenha certeza de que seja, ou uma depressão ou uma reação normal), até os casos mais graves e intensos.

10. Depressão sazonal

Desde a antiguidade grega, mais de 400 anos antes de Cristo, se sabe que a depressão é mais comum no outono e no inverno. Um psiquiatra francês chamado Jean Etienne Esquirol descreveu no início do século XIX um paciente que nos escuros invernos da Bélgica ficava deprimido e que melhorava ao viajar nessa época do ano para a mais ensolarada Itália. Como veremos adiante, a depressão sazonal, tem a ver com diminuição na quantidade de luz e não com a temperatura. Por isso, em regiões em que há pouca variação no número de horas com sol entre o inverno e o verão, esse padrão de depressão se manifesta menos.

Mas quais são as características de uma depressão sazonal? Ela se manifesta desde o início de outono até meados ou final do inverno, ou seja, desde quando o dia está ficando "curto", o período ensolarado está rapidamente diminuindo de um dia para o outro, até o momento em que ocorre o inverso, o período ensolarado está diariamente aumentando. Outra característica é que, em períodos constantemente chuvosos, nublados, durante os meses de outono e inverno, ela pode ser desencadeada ou agravada.

A depressão sazonal em geral se apresenta como qualquer outra, exceto por dois tipos de sintomas. Em vez de insônia, como é típico nas depressões, a pessoa experimenta um aumento no sono, dificuldade de acordar de manhã e sonolência durante o dia. Em vez de perda de apetite e do peso, ocorre o oposto, um aumento do apetite, sobretudo para coisas calóricas e carboidratos (quase uma fissura por carboidratos), e consequente aumento no peso. Ou seja, a depressão sazonal lembra uma hibernação.

A depressão sazonal frequentemente não é uma depressão unipolar, mas sim bipolar, e podem ocorrer períodos de hipomania na primavera. Homens e mulheres são igualmente vulneráveis ao transtorno de humor bipolar, mas a depressão sazonal é mais frequente em mulheres (o dobro da frequência em relação aos homens, como é típico de depressões unipolares). Caracteristicamente, a maioria dos pacientes melhora espontaneamente a partir dos sessenta anos.

11. Depressão unipolar ou bipolar?

Esta é uma das questões mais delicadas no tratamento, saber se a depressão é unipolar ou bipolar. Não se engane, muitas vezes não é tão fácil fazer o diagnóstico.

Por que é importante esta distinção? Porque os tratamentos são diferentes e o tratamento da depressão unipolar pode piorar a depressão bipolar! Então vamos iniciar a explorar esta questão.

Resumindo, há dois grandes tipos de transtornos de humor, a depressão unipolar e o transtorno de humor bipolar (ambos com subdivisões). Na depressão unipolar, o paciente apresenta somente depressão, no transtorno de humor bipolar, apresenta depressão e hipomania ou mania.

O que é mania e o que é hipomania?

Assim como a depressão, a mania e a hipomania (a diferença entre ambas é a intensidade, sendo a mania bem mais intensa do que a hipomania, como o próprio nome diz) representam um estado patológico do humor, que neste caso está alterado em um outro sentido. Se na depressão há uma diminuição da energia, na hipomania e na mania há um aumento. Por este motivo se optou pela terminologia transtorno e humor bipolar, para explorar a noção de dois polos opostos. Mais adiante vamos examinar se foi a denominação mais adequada ou não.

Quais os sintomas da mania e da hipomania

Assim como na depressão, tanto na mania quanto na hipomania vários sintomas podem ocorrer, entretanto nenhum deles é obrigatório. Por exemplo, se na depressão temos tristeza, na hipomania e na mania podemos ter **euforia**, alegria excessiva e inadequada. Aliás, muitas pessoas pensam que o transtorno de humor bipolar é uma condição em que os pacientes apresentam episódios de depressão e euforia, mas não é bem assim! A euforia é frequente como sintoma, mas pode não ocorrer. Pode haver hipomania e mania sem euforia ou sem alegria.

Da mesma forma como na depressão o paciente encontra motivos para a sua tristeza (embora na maioria das vezes possa não haver relação), em geral ele identifica motivos para a alegria ou euforia. Entretanto a causa é outra, é a condição anormal e inadequada do humor.

Eventualmente o paciente pode não apresentar euforia, mas sim uma **irritação** constante. Esta irritação pode manifestar-se em vários contextos, mas sobretudo quando contrariado, momento em que pode haver uma explosão de raiva.

Pessoas com hipomania ou mania normalmente apresentam um aumento da **energia**, e com isto um **aumento na atividade**. Este aumento na energia pode ser percebido de várias formas. Por exemplo, o pensamento fica muito rápido, mais rápido do que a pessoa consegue falar e, neste caso, ela troca de assunto a toda hora. Ele pode ficar tão rápido a ponto de um novo pensamento se iniciar sem que o outro tenha terminado. Chamamos esse sintoma de **fuga de ideias**. A pessoa pode ficar agitada e se engajar em muitas atividades, não cansar e ter uma **diminuição na necessidade de sono**. Por exemplo, pode haver um aumento de engajamento profissional, trabalhar mais intensamente, por mais horas, sem cansar. Muitos pacientes fazem faxina na casa, atividade que evitavam antes. Quando esse aumento da energia é moderado, pode passar a impressão de que a pessoa está muito bem, ativa e com vigor. Esse é um erro de avaliação frequentemente cometido em casos de hipomania.

Se na depressão pode haver um pessimismo constante, na hipomania e na mania o contrário ocorre, **otimismo** anormal, o que leva a um julgamento errado das situações vividas pelo paciente, podendo gerar decisões equivocadas. Por exemplo, por um otimismo exagerado e impulsividade a pessoa pode se engajar em **gastos** ou **investimentos** que não levam em consideração os riscos.

Na depressão é comum uma diminuição na autoestima, já na hipomania e na mania há uma percepção de **grandiosidade** do paciente, de suas capacidades e de suas possibilidades, que são percebidas como muito maiores do que na realidade são. O paciente geralmente tem mais confiança em si e em suas possibilidades. Essa sensação de grandiosidade e confiança pode levar a decisões completamente equivocadas, baseadas em convicções e certezas absolutas.

Um dos principais sintomas da depressão é a diminuição de interesse ou prazer por coisas que anteriormente as provocavam, já na hipomania e na mania ocorre o contrário, ou seja, um **aumento do prazer e do interesse**. Por exemplo, há um aumento na libido, o que pode levar a um comportamento promíscuo.

Dentro dessa mesma linha de sintomas, se na depressão temos dificuldade de tomar decisões, na hipomania e na mania ocorre uma clara **impulsividade**. Por impulsividade se entende a tomada de decisão sem a devida reflexão, movida por impulso. A combinação desses sintomas, otimismo exagerado, grandiosidade, aumento do prazer e impulsividade, podem gerar comportamentos inadequados, que colocam em risco a pessoa. Por exemplo, riscos financeiros no caso de gastos exagerados, riscos morais no caso de comportamento promíscuo ou inadequado, risco de vida, no caso de se colocar em situações potencialmente perigosas como dirigir de forma imprudente etc. Ou seja, na hipomania e na mania a pessoa não calcula corretamente suas possibilidades, exagerando-as e tomando decisões de forma impulsiva, baseadas neste otimismo exagerado. Aquele viés negativo que era típico da depressão, na hipomania e na mania se transforma em um **viés positivo**, que aqui também é tanto emocional quanto cognitivo. As coisas tendem a ser interpretadas de forma positiva, não reconhecendo com facilidade aspectos negativos, ela tende também a lembrar mais de fatos positivos do que negativos. Tudo isso leva a uma avaliação errônea da realidade, tendendo a reconhecer e exagerar oportunidades e a desconsiderar riscos.

O paciente em geral experimenta uma sensação de **agilidade mental, de clareza no raciocínio**. Ele tem dificuldade de concentrar sua **atenção** em um só elemento, qualquer coisa chama sua atenção.

Muitos desses sintomas parecem positivos, aumento da energia, agilidade mental, aumento da autoestima, viés emocional e cognitivo positivo, mas não são. Eles são sintomas (não superpoderes) de um estado que pode ter desdobramentos trágicos.

Infelizmente muitos pacientes gostam desse estado, em que se sentem poderosos em função da energia e autoestima elevada, do pensamento rápido, do otimismo..., e isso faz com que geralmente evitem o tratamento. Para complicar, no caso da hipomania até mesmo familiares e amigos podem perceber o paciente de forma equivocada, como estando muito bem.

TABELA 3. Sintomas da mania e da hipomania (nenhum é obrigatório para o diagnóstico, mas vários devem estar presentes). Na mania os sintomas são mais intensos, na hipomania podem ser discretos

- Aumento do prazer e do interesse
- Euforia, alegria excessiva ou inadequada
- Otimismo exagerado
- Grandiosidade, aumento da autoestima
- Aumento do interesse e prazer por atividades, muitas delas com potencial prejuízo para o paciente (gastos financeiros, comportamento sexual etc.)
- Impulsividade
- Irritação, sobretudo quando contrariado
- Aumento da energia e da atividade (qualquer tipo de atividade), agitação, diminuição da sensação de cansaço
- Pensamento rápido, mais rápido do que consegue falar
- Fuga de ideias (quando um pensamento engrena em outro tão rapidamente que a pessoa parece mudar de assunto)
- Muito falante, interrompe os outros
- Produção de muitas ideias, agilidade mental
- Dificuldade em focar a atenção, estímulos mudam sua atenção com facilidade
- Necessidade de sono diminuída, apesar de dormir pouco não sente sono no dia seguinte
- Aumento da vontade sexual
- Viés emocional positivo, tendência a ver a si e o mundo de forma positiva, desconsiderando riscos

Assim como na depressão, a mania pode ser acompanhada de sintomas psicóticos?

Sim, e é mais comum do que na depressão. E, assim como na depressão, eles podem ser congruentes ou incongruentes ao humor. Por exemplo, em um estado de mania alguém que se ache capaz de comprar a Amazon ou a Apple, ou se ache a pessoa mais inteligente do mundo, está tendo um delírio de grandeza, e ideias de grandeza são características da mania. Já um paciente que apresente mania e delírios de perseguição está apresentando sintomas psicóticos incongruentes ao humor.

Como diferenciar uma depressão unipolar da depressão do transtorno de humor bipolar

A resposta parece óbvia: na depressão unipolar só ocorrem episódios depressivos e no transtorno de humor bipolar, episódios de depressão e de mania ou hipomania.

Infelizmente é muito mais complicado. A primeira complicação é que a maioria dos casos de transtorno de humor bipolar começam com um ou mais episódios depressivos. Como o tratamento da depressão pode piorar o transtorno de humor bipolar, é muito importante diferenciar uma depressão que seja unipolar da bipolar desde a primeira manifestação do transtorno, desde o primeiro episódio. Mas como fazer isso, já que o paciente não apresentou ainda mania ou hipomania?

Vamos começar considerando uma pessoa que está apresentando **um primeiro episódio de depressão**, nunca tendo apresentado no passado mania ou hipomania. Ou seja, ela pode ter uma depressão unipolar ou bipolar. A primeira pergunta que deve ser feita é se na família alguém sofre de transtorno de humor bipolar, ou seja, olhar a **história familiar**. O transtorno de humor bipolar é em grande parte genético, como veremos adiante. Se há algum familiar próximo, irmãos, pais, tios, a chance de aquela depressão ser bipolar cresce muito. Há um estudo (Akiskal et al., 1983) que determinou que esta chance é de 94%! Ou seja, é prudente, para fins de tratamento, considerar bipolar a depressão de quem tenha um ou mais familiares próximos com diagnóstico de transtorno de humor bipolar. É bom lembrar que essa foi a probabilidade determinada por esse estudo específico e outros podem encontrar probabilidades um pouco diferentes.

Outra circunstância que é sugestiva de depressão bipolar é a que surge no **pós-parto**. Aqui estou me referindo a uma depressão, não somente a alguns sintomas depressivos que ocorrem frequentemente por dois a três dias após o parto. A chance de um primeiro episódio de depressão que surge no pós-parto ser uma depressão bipolar é de 88%, segundo aquele estudo que já referi anteriormente (Akiskal et al., 1983).

Como já havia sido mencionado, a **depressão com sintomas psicóticos**, congruentes ou incongruentes ao humor, tem uma grande probabilidade de ser uma depressão do transtorno de humor bipolar, esta chance é de 74% (Akiskal et al., 1983).

Outro fator bem objetivo é a idade de início do primeiro episódio depressivo: antes dos 25 anos, o que confere um risco de 69% (Akiskal et al., 1983). O paciente mais jovem incluído nesse estudo tinha catorze anos, portanto esta probabilidade não diz respeito a crianças ou púberes.

Todos esses fatores, história familiar com transtorno de humor bipolar, depressão que se inicia no pós-parto e idade do primeiro episódio depressivo antes dos 25 anos são critérios bem objetivos, fáceis de serem verificados. Há outros que podem ajudar nessa distinção que são menos objetivos, ou porque é mais difícil obter a informação ou porque são passíveis de interpretação. Aqui se inclui o tipo de sintoma depressivo que prevalece (por exemplo, características **atípicas**, que já foram descritas anteriormente nas páginas 29-30).

Ter essas características implica que a pessoa tem uma depressão bipolar? Não, mas confere um risco (que, como vimos, pode ser maior ou menor). Se a pessoa apresenta mais de uma dessas características, a chance de ter um transtorno de humor bipolar, e não uma depressão unipolar, aumenta.

Até aqui vimos a situação de uma pessoa que tem um primeiro episódio depressivo. Mas se ela já teve alguns episódios, algumas outras características podem ajudar a diferenciar os dois transtornos? Lembrem-se, isso é importante porque o tratamento da depressão unipolar pode piorar a depressão bipolar e o transtorno de humor bipolar.

Como já vimos, é possível que o primeiro episódio de um transtorno de humor bipolar seja uma depressão. É também possível que todos os primeiros episódios sejam depressões. Como, nesse caso, diferenciar a depressão unipolar do transtorno de humor bipolar?

Três das características que fornecem uma pista são a **duração**, o **número de episódios depressivos** e o **padrão de sazonalidade**. Há uma tendência de os episódios de depressão unipolar serem mais longos do que os de depressão bipolar, os unipolares durando meses e os bipolares semanas. Há também uma tendência de o transtorno de humor bipolar ter um número maior de episódios. Portanto, face a um paciente que tenha tido três ou mais episódios de depressão de curta duração, devemos pensar na possibilidade de estas depressões fazerem parte de um transtorno de humor bipolar. Por fim, a depressão sazonal (descrita na página 34) tem mais chance de ser uma depressão bipolar do que unipolar.

Neste caso, a denominação transtorno de humor bipolar atrapalhou. Ela traz embutida a falsa noção de que é necessária a ocorrência de mania ou hipomania, sendo que muitos pacientes manifestam somente depressão, pelo menos no início da doença.

TABELA 4. Fatores objetivos para desconfiar que uma depressão pode ser bipolar

- História de transtorno de humor bipolar em familiares próximos
- Depressão pós-parto
- Depressão com sintomas psicóticos
- Início da depressão antes dos 25 anos de idade
- Depressão sazonal
- Episódios depressivos curtos (poucas semanas) e maior frequência

Foram desenvolvidos critérios por um pesquisador chamado Nassir Ghaemi para tentar identificar a depressão bipolar em quem nunca teve mania ou hipomania (Ghaemi et al., 2004). Esses critérios não são absolutos, mas quando eles ocorrem, aumenta bastante a probabilidade de o paciente ser bipolar. Na Tabela 5 estão expostos esses critérios como foram propostos. Alguns dos itens que ainda não foram explicados, veremos adiante.

TABELA 5. Critérios propostos para pensar que um ou múltiplos episódios depressivos, em quem nunca apresentou mania ou hipomania, fazem parte do transtorno de humor bipolar (Ghaemi et al., 2004)

A. Pelo menos um episódio depressivo maior
B. Sem episódios espontâneos de hipomania ou mania
C. Qualquer um dos seguintes, mais pelo menos dois itens do critério D, ou ambos os seguintes mais um item do critério D:

1. Uma história de transtorno bipolar em um parente de primeiro grau (página 40)
2. Mania ou hipomania induzida por antidepressivos

D. Se nenhum item do critério C estiver presente, seis dos nove seguintes critérios são necessários:
1. Personalidade hipertímica (prévia à depressão) (página 51)
2. Episódios depressivos maiores e recorrentes (mais do que três)
3. Breves episódios depressivos maiores (em média menos do que três meses)
4. Características depressivas atípicas (aumento do sono ou apetite) (página 29-30)
5. Episódios psicóticos de depressão maior (página 41)
6. Idade precoce de início do episódio depressivo maior (menos do que 25 anos) (página 41)
7. Depressão pós-parto (página 41)
8. Tolerância a antidepressivos (o antidepressivo perde o efeito)
9. Falta de resposta a mais de três tratamentos com antidepressivos

As dimensões da depressão

Como foi explicado anteriormente, a depressão é um transtorno dimensional, ou seja, é um transtorno que pode se manifestar em intensidades variáveis em diversos aspectos. Podemos identificar gradações na intensidade (leve, moderada, severa), no número de episódios, na duração dos episódios, na presença de sintomas atípicos, melancólicos, psicóticos ou mistos. Ou seja, a depressão pode variar muito de uma pessoa para outra em todos esses aspectos e no tipo de sintomas presentes.

Tipos de depressão

Já falamos sobre alguns tipos de depressão, a com **características melancólicas**, com **sintomas psicóticos congruentes ou não ao humor, sazonais, atípicas** e **mascaradas**. Há uma outra forma de descrever a depressão, ela foi proposta dessa forma pelo sistema norte-americano de classificação de transtornos mentais, os famosos DSMs. Esta forma iniciou-se no DSM-III de 1980 e persiste ainda hoje no DSM-V. Esse sistema basicamente diferencia a depressão em dois tipos, a distimia e a depressão maior.

Distimia ou depressão persistente é uma depressão leve, mas crônica, durando em geral anos. Os sintomas são os mesmos já descritos, mas em menor intensidade. A pessoa pode se queixar de tristeza, pouco prazer, baixa energia e motivação, cansaço, autoestima diminuída, sentimentos de desesperança, dificuldade de tomar decisões, menor concentração, alteração no apetite (para mais ou para menos) e no sono (insônia ou sonolência diurna). Um outro sintoma característico, que frequentemente está presente, é uma irritação ou um mau humor crônico, que pode ser o que mais chama a atenção das pessoas que convivem com o paciente. Em outras pessoas ela pode manifestar-se de forma mascarada, com dores nos membros, no corpo, sintomas gastrointestinais ou cardiológicos.

Por ser leve a moderada, pode parecer que a distimia é menos grave, o que é um engano. Como em geral ela inicia-se lentamente e vai piorando progressivamente, no início os pacientes pensam que é algo normal e passageiro e a procura do tratamento é retardada. Uma vez já estabelecida há meses ou anos, pode parecer que aquele é o jeito normal da pessoa, tanto para ela quanto para quem convive com ela. Esses dois fatores levam a uma menor procura de tratamento. Apesar de menos intensa, ela provoca considerável sofrimento, diminuição na eficiência, na produtividade e conflitos interpessoais. Além disso, como em qualquer depressão, o viés emocional e cognitivo negativo ocorre, a pessoa se sentindo menos capaz, menos inteligente, pessimista, acreditando menos em suas possibilidades, tudo é visto de forma negativa, oportunidades não são reconhecidas, e isso afeta suas decisões. Com certeza a pessoa vai atingir menos seus objetivos. Essa percepção crônica negativa de si e do mundo se incorpora na forma de pensar do paciente, a pessoa passa achar que ela e as coisas são assim. Por isso, apesar de ser menos intensa, ela é grave e deve ser tratada com toda a seriedade.

A **depressão maior** (este nome foi consagrado pela classificação norte-americana de transtornos psiquiátricos desde a sua terceira edição de 1980) ocorre em episódios com os mesmos sintomas que foram descritos acima, no capítulo 4 "Quais os sintomas da depressão", e esses sintomas são constantes e marcantes. Como já foi explicado, não são necessários todos, mas vários deles. Ela pode iniciar abrupta ou lentamente, pode durar pouco tempo, como duas semanas, ou mais tempo, meses ou mesmo mais de um ano. Por em geral provocar uma diferença muito grande no jeito normal da pessoa (porque inicia abruptamente e é intensa), muitas pessoas procuram ajuda e tratamento.

Podemos classificar a depressão maior conforme suas características clínicas (com características usuais ou melancólicas ou atípicas, com sintomas psicóticos congruentes ou não ao humor ou com manifestação sazonal), número de episódios (episódio único ou recorrente), frequência dos episódios (quanto tempo entre eles) e duração dos episódios. Há também o que já foi chamado de **depressão dupla**, quando uma pessoa sofre de distimia e episódios de depressão maior. Ou seja, ela fica com distimia quando não está com depressão maior.

Pensamos na distimia como uma forma de depressão unipolar (ou seja, a pessoa só apresenta o polo depressivo do transtorno de humor). Por outro lado, a depressão maior pode ter duas conotações, o termo descreve episódios depressivos com uma intensidade mínima. Esses episódios podem fazer parte de uma depressão unipolar (episódio único ou recorrente), quando só ocorre depressão, ou fazer parte do transtorno de humor bipolar, quando a pessoa também apresenta mania ou hipomania (ver Figura 2).

A depressão com estado misto
Esta depressão faz parte da depressão bipolar. Para uma melhor compreensão vamos começar por algumas características do humor.

Os sintomas dos transtornos de humor podem ser subdivididos em três grupos, relacionados à atividade, à cognição e à emoção. Em relação à **atividade**, na depressão a pessoa pode apresentar perda de energia, cansaço e lentidão psicomotora, já na mania ou na hipomania é o contrário, ocorre um aumento na energia, nas atividades, na fala, na tomada de decisão (impulsividade), envolvimento excessivo em situações de risco e uma diminuição na necessidade de sono.

Quanto aos sintomas **cognitivos,** na depressão temos diminuição na capacidade de pensar e na concentração, indecisão e pensamentos recorrentes (ruminações) negativos ou mesmo de morte, distração, dificuldades de memória ou viés negativo da memória (quando a pessoa tende a lembrar-se somente do negativo). Já na mania e na hipomania ocorre um aumento na velocidade do pensamento, dificuldade de reconhecer riscos, otimismo exagerado, viés excessivamente positivo no raciocínio e na memória.

Já em relação à **emoção**, na depressão temos a tristeza, a anedonia (que significa falta de prazer), os sentimentos de inutilidade e de culpa, a baixa autoestima, enquanto na mania ou na hipomania manifesta-se um humor elevado ou expansivo, a autoestima inflada e a grandiosidade.

Tabela 6. Os três componentes do humor

	Depressão	Mania/hipomania
Atividade	• Perda de energia • Cansaço • Lentidão psicomotora	• Aumento da energia nas atividades, na fala, na tomada de decisão • Impulsividade • Envolvimento excessivo em situações de risco • Diminuição na necessidade de sono
Cognição	• Pessimismo • Pensamentos recorrentes negativos ou mesmo de morte • Indecisão • Diminuição na capacidade de pensar, na concentração e na memória	• Otimismo • Aumento na velocidade do pensamento • Dificuldade de reconhecer riscos • Viés excessivamente positivo ou otimista
Emoção	• Tristeza • Anedonia • Sentimentos de inutilidade e de culpa • Baixa autoestima	• Humor elevado ou expansivo • Alegria • Autoestima inflada • Grandiosidade

Ou seja, o humor tem três domínios: a atividade, a cognição e a emoção. Normalmente eles andam juntos, entretanto eventualmente em alguns pacientes, eles podem dissociar-se. Por exemplo, o paciente pode estar com a cognição e a emoção no polo depressivo, apresentando-se negativo, pessimista, triste, sem prazer, mas com a atividade no polo maníaco, ou seja, com energia, impulsivo. Este paciente, por esta combinação (pessimismo, tristeza, energia), vai estar irritado, e a energia vai conferir uma impulsividade a essa irritação. É isso que chamamos de depressão com estado misto, quando o que predomina são sintomas depressivos, mas também ocorrem sintomas da esfera da mania ou da hipomania. Este é só um exemplo, outras combinações de sintomas são possíveis (ver Figura 3).

Muitas vezes o caráter misto de uma depressão não é reconhecido. Nestes casos, o diagnóstico equivocado de depressão ansiosa ou de depressão agitada pode ser feito. Este erro pode trazer problemas, o principal é que a depressão com sintomas mistos pode ser considerada uma depressão bipolar e, desta forma, se for tratada como depressão unipolar (somente com antidepressivos), o quadro pode se agravar.

Quais os tipos de transtorno de humor bipolar podemos ter?

O DSM-V classifica o transtorno de humor bipolar como ciclotimia, transtorno de humor bipolar tipo I e tipo II. Na **ciclotimia** ocorrem episódios de variação de humor no sentido de uma depressão leve e de uma hipomania leve. No **transtorno de humor bipolar tipo II** ocorrem episódios de depressão maior e de hipomania, enquanto o **tipo I** é caracterizado por episódios de depressão maior e de mania. Ou seja, há uma graduação de aumento na intensidade da ciclotimia para o tipo II e o tipo I (Akiskal & Pinto, 1999).

O transtorno de humor bipolar do tipo I é facilmente reconhecido, a pessoa fica descontrolada e completamente diferente do que é normalmente. É um estado perigoso que requer intervenção imediata e proteção do paciente, já que ele quer fazer coisas que depois vai considerar absurdas, coisas que tem potencial de provocar um dano físico (faz coisas perigosas), moral (por exemplo promiscuidade ou conflitos) ou financeiro (gastos excessivos, investimentos absurdos), atos que podem ser irreparáveis. Já o transtorno de humor bipolar do tipo II é mais complicado. Muitas pessoas (o paciente, a família e os amigos) frequentemente não reconhecem os episódios de hipomania como sendo uma manifestação de doença, o paciente se acha inteligente, feliz, capaz, cheio de energia, pode parecer que está em seus melhores momentos. Essa falsa percepção pode levar a pessoa a omitir, mesmo quando é perguntado, esses episódios. Desta forma, o diagnóstico pode não ser feito. Não é uma omissão deliberada, a pessoa simplesmente não concebe que aquele "bem-estar", cheio de energia e iniciativa, não seja algo positivo ou mesmo desejável.

No transtorno de humor bipolar do tipo I, tanto as fases de depressão quanto as de mania podem ser acompanhadas ou não de sintomas psicóticos, que como já vimos podem ser congruentes ou incongruentes ao humor. Assim como na depressão, os episódios de mania ou de hipomania podem ter características mistas, quando ocorrem simultaneamente nesses episódios alguns sintomas de depressão (ver Figuras 4 e 5).

Dimensões do transtorno de humor bipolar

Assim como na depressão unipolar, o transtorno de humor bipolar apresenta várias dimensões, uma delas já explicada, a intensidade (ciclotimia, transtorno de humor bipolar tipo I e tipo II).

Uma outra dimensão importante é a frequência dos ciclos. O que é um ciclo? Um ciclo é um período de um a dois episódios de humor patológico (depressão, mania/hipomania). Por exemplo, um episódio de depressão antecedido e seguido por humor normal é um ciclo. Um episódio de mania ou hipomania antecedido e seguido por humor normal também é um ciclo. Uma sequência de mania (ou hipomania) e depressão ou, ao inverso, de depressão e mania (ou hipomania) antecedida e seguida por humor normal também é um ciclo. Entretanto, a sequência mania (ou hipomania), depressão e novamente mania (ou hipomania) representa dois ciclos, porque o máximo que um ciclo comporta são dois episódios de humor patológico (ver Figura 6).

Quanto à frequência dos episódios (o termo técnico para descrever essa dimensão é ciclagem), podemos ter transtorno de humor bipolar comum (com até três ciclos em um período de doze meses), cicladores rápidos (com mais de quatro ciclos por um período de doze meses), ultrarrápidos (quando ocorre mais de uma ciclagem por mês). Eventualmente, uma pessoa pode ter uma por dia, e os chamamos de cicladores ultra ultrarrápidos.

Outras dimensões possíveis são o número de episódios na vida, o quanto predomina um polo (pessoas que apresentam predominantemente episódios depressivos ou predominantemente episódios de depressão ou mania) e o quanto os episódios são puros ou mistos.

O temperamento hipertímico

O temperamento hipertímico foi descrito no final do século XIX por Emil Kraepelin, um psiquiatra alemão cuja obra se confunde com a própria história da psiquiatria. Esse temperamento descreve uma pessoa muito otimista, exuberante, articulada, brincalhona, despreocupada, confiante e orgulhosa de si, com alto nível de energia, cheia de planos, com facilidade em improvisar, versátil, com amplo interesse, que se envolve muito com atividades, que faz muitos planos, intrometida, desinibida, assumindo riscos e com menos necessidade de sono (Akiskal & Pinto, 1999). Esse temperamento em geral representa uma forma constante de hipertimia, ou seja, uma mini hipomania constante. Em geral não requer tratamento, mas com frequência episódios depressivos iniciam-se após os cinquenta anos de idade. Como a pessoa nunca apresentou nem mania nem hipomania, pode parecer que esses episódios depressivos de início tardio sejam uma depressão unipolar, entretanto o temperamento hipertímico prévio deve ser levado em conta para no mínimo se considerar a possibilidade de transtorno de humor bipolar.

TABELA 7. Temperamento hipertímico, a pessoa é constantemente (não são necessários todos os itens, mas a maioria deles)

- Muito otimista
- Exuberante
- Articulada
- Brincalhona
- Despreocupada
- Confiante e orgulhosa de si
- Com alto nível de energia
- Cheia de planos
- Com facilidade em improvisar
- Versátil
- Com amplos interesses
- Envolve-se com muitas atividades
- Faz muitos planos
- Intrometida
- Desinibida
- Assume riscos
- Tem pouca necessidade de sono

O transtorno de humor bipolar pode confundir-se com o transtorno de déficit de atenção e hiperatividade

Quando eu estava na faculdade, o que hoje se conhece como transtorno de déficit de atenção e hiperatividade (TDAH) era chamado de disfunção cerebral mínima e era raramente diagnosticado em crianças (em adultos, nunca). Naquela época, era comum pedir um eletroencefalograma (EEG) do paciente e, se o registro das ondas elétricas cerebrais captadas através dos eletrodos colocados na cabeça não era perfeito, se dizia que aquela criança agitada tinha uma disritmia, ou seja, uma alteração no ritmo captado no EEG. Infelizmente muitos foram medicados com anticonvulsivantes, medicamentos para tratar epilepsia, o que hoje é visto como absurdo já que aquela "disritmia" faz parte das variações normais de um EEG.

Posteriormente aquele transtorno passou a se chamar transtorno de déficit de atenção e hiperatividade e continuou sendo diagnosticado somente em crianças e adolescentes. Na classificação americana DSM-V, os critérios citados são os que ocorrem em crianças e adolescentes.

No final da década de 90 e na primeira década do novo milênio, houve uma explosão na quantidade de pesquisas e no interesse da sociedade no TDAH. Também naquela época foi reconhecido que o transtorno ocorre com frequência na idade adulta, porém com sintomas um pouco diferentes. Entre psiquiatras, neurologistas e pediatras, assim como na sociedade, houve um fenômeno de moda em relação a este diagnóstico, e também houve uma explosão no uso de metilfenidato, comercializado sob o nome de Ritalina, que foi o primeiro fármaco usado com sucesso para tratar o TDAH. Essa moda por um lado foi boa, porque chamou atenção para o diagnóstico de um transtorno que existe, causa sofrimento, tem consequências, que não é uma invenção da indústria farmacêutica nem de alguns médicos que querem transformar tudo em doença. Mas, por outro lado, muitos diagnósticos errôneos também foram feitos.

Em crianças e adolescentes, o TDAH tem dois tipos de sintomas, os sintomas de desatenção e os de hiperatividade. A pessoa pode apresentar os dois grupos de sintomas igualmente ou preferencialmente um ou outro (ou seja, ter o transtorno mais do tipo desatento ou do tipo hiperativo).

Os sintomas de desatenção para **crianças e adolescentes** descritos no DSM-V são: não prestar atenção a detalhes e cometer erros por descuido em trabalhos escolares ou outras atividades, ter dificuldade de manter a atenção em tarefas na escola ou durante jogos, não parecer prestar atenção quando abordado diretamente, não acompanhar instruções e não completar tarefas, ter dificuldade para organizar tarefas ou atividades, evitar, não gostar de tarefas que requerem manutenção do esforço mental durante longo período de tempo, frequentemente perder objetos necessários para tarefas ou atividades escolares, distrair-se facilmente e esquecer-se de atividades diárias. Os sintomas de hiperatividade e impulsividade são: movimentar e torcer as mãos e os pés com frequência, frequentemente movimentar-se pela sala de aula e outros locais, correr e subir em coisas com frequência quando esse tipo de atividade é inapropriado, ter dificuldades de brincar tranquilamente, frequentemente movimentar-se e agir como se estivesse ligado na tomada, falar demais, frequentemente responder às perguntas de modo abrupto, antes mesmo que sejam completadas, frequentemente ter dificuldade de aguardar sua vez, intrometer-se ou interromper outras pessoas.

Esses são sintomas, como já foi mencionado, que ocorrem em crianças e adolescentes. Mas neste livro estamos tratando de adultos. Há uma diferença nos sintomas de crianças e adultos no TDAH?

Sim, a hiperatividade, que é mais comum em meninos do que meninas, mesmo nos meninos começa a diminuir na adolescência e se torna infrequente nos adultos (Kessler et al., 2010).

Na faculdade de medicina aprendemos que o diagnóstico é feito de forma objetiva. Primeiro escuta-se a queixa do paciente, depois são feitas perguntas para esclarecer essa queixa, na sequência um exame físico e por fim exames complementares que porventura possam esclarecer o diagnóstico (laboratoriais, de imagem etc.). Seria um processo objetivo que vai em um crescente de conhecimento do paciente e de sua patologia.

Entretanto, parece que o processo não é assim. O médico num primeiro momento forma uma impressão sobre o paciente, uma impressão que poderíamos chamar de intuição, uma espécie de raciocínio não verbal, muito rápido, como se fosse uma *Gestalt*. *Gestalt* é um termo alemão que significa forma ou figura, designa um conjunto de formas que mantem relação entre si. Traduzindo, quando algumas formas ocorrem em conjunto designam um objeto ou situação (no nosso caso, um diagnóstico). Um exemplo de *Gestalt* é ver uma figura de uma gueixa e pensar no Japão.

De acordo com essa impressão inicial, é realizada a anamnese (que é o nome que se dá às perguntas que o médico ou psicólogo fazem para dar um diagnóstico). A partir daí, entra o problema chamado de viés de confirmação, que é a tendência do médico de se lembrar, interpretar ou pesquisar informações de maneira a confirmar as suas crenças ou hipóteses iniciais. O grande filósofo alemão Arthur Schopenhauer (1788-1860) escreveu em seu livro *O mundo como vontade e representação* que "uma hipótese adotada nos dá olhos de lince para tudo que a confirma e nos torna cegos a tudo que a contradiz". Ou seja, além de ser bem treinado nessa "intuição" inicial, o médico deveria ser bem treinado em desafiá-la, indo contra essa tendência humana chamada de viés de confirmação.

O problema é que a sigla TDAH significa transtorno de déficit de atenção e hiperatividade. Embora a hiperatividade seja menos comum em adultos com esse transtorno (Kessler et al., 2010), o termo frequentemente é usado para justificar este diagnóstico. "O fulano é hiperativo."

Se a hiperatividade no adulto com frequência não significa diagnóstico de TDAH, qual o transtorno que está relacionado a ela? O transtorno de humor bipolar, sobretudo o transtorno de humor bipolar do tipo II em que predomine a hipomania e não a depressão, o transtorno de humor bipolar do tipo II com estado misto e o temperamento hipertímico. Transtornos de ansiedade que provocam inquietude e agitação também podem ser confundidos.

O que chama a atenção em um paciente com hipomania ou com estado misto? Em um primeiro momento, a agitação (que poderia ser chamada de hiperatividade). Na sequência, já com a hipótese de se tratar de um caso de TDAH, são facilmente observadas a impulsividade, a distração, a falta de foco em uma atividade ou um assunto e... pronto, o diagnóstico errado está feito. Todos esses sintomas, por motivos diferentes (e às vezes com nomes diferentes), ocorrem nos dois transtornos. Entretanto, como já foi mencionado, mas não custa ressaltar novamente, a hiperatividade é incomum em adultos com TDAH (pelo menos na forma como se observa em crianças). Esse detalhe diagnóstico é importante e, no entanto, quantos textos e livros popularizaram a ideia errônea de que a hiperatividade era peça chave no diagnóstico de TDAH em adultos. É importante ressaltar a palavra *infrequente*, que significa exatamente isto, pouco frequente, mas não impossível. Quando a hiperatividade se manifesta, é geralmente de forma menos exuberante, na forma de impulsividade (Kessler et al., 2010).

Esse diagnóstico diferencial é importante porque o tratamento do TDAH, em geral, pode piorar o transtorno de humor bipolar. E para complicar temos um outro problema, que é a comorbidade entre essas duas condições.

O que é comorbidade? É um termo médico que descreve uma situação em que duas patologias, doenças ou transtornos ocorrem simultaneamente. É muito frequente a comorbidade entre transtorno de humor bipolar e TDAH, o que complica mais ainda a situação. Ou seja, a pessoa pode ter os dois transtornos e, nesse caso, os dois diagnósticos devem ser feitos. Mas como vários dos sintomas são comuns aos dois transtornos, infelizmente muitas vezes somente um diagnóstico é feito, em geral o de TDAH, e o outro passa desapercebido. Quando o diagnóstico é estabelecido, geralmente o tratamento é feito, e o tratamento do TDAH frequentemente piora o transtorno de humor bipolar.

O transtorno de humor bipolar pode confundir-se com a ansiedade

A ansiedade pode ser um sintoma dentro da depressão ou um transtorno psiquiátrico em si.

Exemplos de transtornos de ansiedade são o transtorno de pânico (crises de intensa ansiedade, que atingem seu ápice em dez a quinze minutos, geralmente de curta duração, acompanhadas de sintomas físicos e medo de morrer), de ansiedade generalizada (condição crônica caracterizada por excessiva apreensão e medo), de estresse pós-traumático (condição geralmente crônica que ocorre após um evento traumático, caracterizada pela revivência do evento quando face a determinados sinais), as fobias específicas (medo de lugares fechados, altura, aranhas, cobras etc.), a fobia social (ansiedade provocada ao ser alvo do julgamento ou atenção de outras pessoas) e a agorafobia (medo de ficar em uma situação em que não possa ser socorrido imediatamente). Não é um objetivo deste livro tratar desses transtornos de ansiedade, mas é importante informar que, com bastante frequência, pode haver comorbidade entre depressão ou transtorno de humor bipolar e algum desses transtornos ansiosos. Como já foi explicado, comorbidade é quando os dois problemas ocorrem concomitantemente. Por exemplo, uma pessoa que sofre de transtorno de ansiedade generalizada, ou seja, uma pessoa que tem a tendência a ter uma expectativa apreensiva em relação à maioria das situações, pode também apresentar uma depressão. Mas, como foi mencionado, a ansiedade também pode ser um sintoma da depressão. Afinal, o que é ansiedade? Ansiedade é um estado de apreensão ou medo que ocorre com ou sem um motivo identificado ou pode ser provocada pela antecipação de algo desagradável ou perigoso. Frequentemente está associada a sintomas físicos, como aumento da frequência de batimento do coração, respiração rápida, suor frio nas mãos, diarreia, boca seca etc. Esses sintomas físicos ocorrem porque a ansiedade é uma sinalização de perigo (havendo ou não um perigo), e o corpo se prepara para reagir a esse perigo. Além disso, a ansiedade provoca um estado de alerta e de inquietude.

A agitação que pode ocorrer em pacientes sofrendo de depressão com estado misto ou de hipomania com estado misto (a diferença está se predominam os sintomas de depressão ou de hipomania) pode eventualmente ser confundida com ansiedade. Nesse caso, erroneamente o diagnóstico que será feito é de depressão com sintomas ansiosos e não de transtorno de humor bipolar.

Outro problema importante que ocorre é a forma como a pessoa se expressa e interpreta seus sintomas. Muitas vezes a impaciência, a urgência, o descontrole na obtenção de algo desejado pode ser descrito como ansiedade. Entretanto, como mencionado anteriormente, ansiedade é um estado de apreensão ou medo. Essas impaciências, urgências e descontroles **não são ansiedade**.

O transtorno de humor bipolar pode confundir-se com o transtorno de personalidade borderline

O que é transtorno de personalidade borderline? Resumindo, é um jeito de ser caracterizado por uma enorme sensibilidade à rejeição e ao abandono associada a uma dificuldade de regular as emoções. Essas duas características devem ocorrer. No DSM-V, há nove critérios que definem o transtorno de personalidade borderline, sendo que cinco deles são necessários para que o diagnóstico correto seja feito.

Quais são esses critérios do DSM-V? O primeiro critério são os esforços desesperados para evitar o abandono real ou imaginário. O segundo trata dos relacionamentos instáveis e intensos, em que a pessoa alterna extremos de idealização e de desvalorização de outras pessoas. O terceiro fala de uma instabilidade na percepção de si mesmo, na autoimagem. O quarto descreve impulsividade em pelo menos duas áreas, impulsividade que pode ser autodestrutiva (por exemplo, no sexo, em gastos, com drogas, no comer descontrolado). O quinto descreve gestos ou ameaças suicidas ou automutilação. O sexto é a instabilidade afetiva devido à reatividade do humor (por exemplo, ansiedade intensa que geralmente dura horas). O sétimo são sentimentos crônicos de vazio, e o oitavo, a raiva intensa e inapropriada ou dificuldade de controlá-la. Por fim, o nono descreve uma desconfiança associada ao estresse ou sintomas dissociativos (sensação de estar desconectado de si ou do mundo).

Os pacientes com transtorno de personalidade borderline, sobretudo quando jovens, frequentemente apresentam automutilação (por exemplo, cortes nos braços). Esse comportamento é confundido com uma tentativa de suicídio. Entretanto, na maioria das vezes, é um gesto que visa diminuir o sofrimento que a pessoa está sentindo naquele momento.

Toda a dificuldade de regulação emocional (reatividade do humor, impulsividade e gestos que parecem suicidas) do transtorno de personalidade borderline pode se confundir com o transtorno de humor bipolar. Da mesma forma, toda a instabilidade de um transtorno de humor bipolar tipo II, sobretudo aquele com ciclagem ultrarrápida, em que o humor varia com grande frequência, ou no estado misto, pode se confundir com o transtorno de personalidade borderline. Para complicar ainda mais, é muito comum a associação entre as duas condições no mesmo paciente. Por exemplo, se a pessoa apresenta seis dos critérios do DSM-V para transtorno de personalidade borderline, a chance de ela também ter um transtorno de humor bipolar é de mais de 50% (Ruggero et al., 2010).

A evolução da depressão e do transtorno de humor bipolar

Há três principais consequências em não se tratar ou em não obter resultado no tratamento da depressão e do transtorno de humor bipolar.

A primeira consequência poderia ser definida como o humor influenciando a "personalidade" do paciente e influenciando decisões e comportamentos. O viés emocional negativo, provocado pela depressão, faz com que a pessoa se veja como incapaz, a autoestima diminui, o acesso a memórias negativas é facilitado, a percepção do mundo passa a ser negativa e o pessimismo se torna a expectativa predominante. Meses de depressão podem fazer com que essa visão negativa de si, do mundo, do passado, do presente e do futuro seja incorporada na forma de pensar do paciente e possa persistir (mesmo que parcialmente), após a melhora da depressão. A tendência é o tempo resolver essa questão, mas a psicoterapia pode ser muito útil nessas situações.

Além disto, a depressão vai influenciar todas as decisões. Oportunidades vão ser perdidas, por não serem reconhecidas, por serem consideradas inatingíveis ou por não haver a motivação, iniciativa ou energia necessárias para aproveitá-las. Riscos podem ser superdimensionados, a falta de prazer pode levar a abandonar coisas que, sem a depressão, a pessoa valorizaria. Ou seja, a depressão influencia a vida como um todo, as relações sociais, o casamento, os estudos, a profissão, toda e qualquer decisão.

No caso do transtorno de humor bipolar tipo II com ciclagem ultrarrápida, em que com frequência a pessoa está ou hipomaníaca ou depressiva, a mudança de visão de si e do mundo provocada pelas mudanças frequentes de humor faz com que a pessoa possa perder a convicção sobre quase tudo. Ora a caneta Bic é maravilhosa (mesmo design de sucesso desde 1956 no Brasil, barata, confiável etc.), ora ela é uma caneta vagabunda (popular, qualquer miserável pode ter etc.), a opinião variando conforme o humor hipomaníaco ou depressivo. Essa constante inconsistência do humor pode provocar a necessidade de uma rigidez cognitiva, para que o paciente possa manter alguns parâmetros.

A segunda consequência é que a depressão frequentemente é fator de risco para o desenvolvimento de doenças físicas ou o pior prognóstico dessas doenças. Um exemplo, entre muitos, é o fato de a depressão ser um fator de risco para o desenvolvimento de doenças cardiovasculares como o infarto agudo do miocárdio (Barth et al., 2004) e de um mau prognóstico (chance de morte nas semanas e meses subsequentes) desses pacientes (Bush et al., 2001). Mais adiante no livro veremos com mais detalhes a relação entre os transtornos de humor (depressão ou transtorno de humor bipolar) e o desenvolvimento de doenças físicas (página 84).

A terceira consequência, mais especificamente no caso de transtorno de humor bipolar, é o que é chamado de neuroprogressão, que é a tendência da doença sem tratamento ou sem resposta ao tratamento agravar-se, os episódios ocorrendo cada vez mais com maior frequência, cada vez mais com elementos mistos e eventualmente afetando cognitivamente e fisicamente o paciente. Não são todos os pacientes que apresentam essa tendência, mas de antemão não sabemos quem pode ou não ter essa evolução negativa. Sabemos que a ocorrência de sintomas psicóticos, sejam eles congruentes ou não ao humor, são um fator de risco para essa evolução ruim.

O suicídio

O suicídio é, infelizmente, um possível desfecho para quem sofre de depressão e, sobretudo, de transtorno de humor bipolar. Mais dramático ainda pelo fato de haver tratamentos eficazes para essas condições.

Como prever um suicídio? Muitas vezes não é possível, ou porque paciente não dá indícios (planeja e esconde a intenção), ou porque o suicídio é um gesto impulsivo (não planejado). Um momento propício, especialmente no transtorno de humor bipolar, é na transição entre uma hipomania ou mania e a depressão (transição que pode ser rápida, a pessoa apresentando ainda a impulsividade da mania/hipomania e já tendo surgido a desesperança, pessimismo, ansiedade e angústia da depressão).

Outras vezes a pessoa avisa sobre sua intenção. Aquela frase "quem quer se matar não avisa" é falsa! Na maioria das vezes as pessoas avisam, e esse aviso deve ser levado a sério. Alguns sintomas também são sinais de alerta para se pensar em risco de suicídio, por exemplo, a desesperança, a ansiedade e a angústia intensas. Há diferenças entre homens e mulheres; as mulheres tendem a usar métodos menos violentos e provavelmente por esse motivo sobrevivem mais a tentativas de suicídio, enquanto os homens tendem a usar métodos mais violentos e letais. A idade pode ser um sinal de alerta, homens idosos sendo os mais suscetíveis. Às vezes a etnia também pode influenciar: Nos estados do sul do Brasil ocorrem com certa frequência "epidemias" de suicídio em pequenas cidades de imigração alemã. A ocorrência de transtornos de personalidade associados ao transtorno de humor também é um sinal de alerta. Também vale a pena lembrar que a parada abrupta do lítio pode aumentar o risco de suicídio.

Uma vez o risco de suicídio identificado, a pessoa deve ser protegida, em geral hospitalizada em um local seguro, em uma unidade psiquiátrica. Entretanto, essa é uma opção cada vez menos disponível. No caso de ser impossível, ela deve ficar sob vigilância constante. Um vigoroso tratamento deve ser instituído, que inclui o medicamento (ou terapêutica) que vai tratar o transtorno de humor, mas também provavelmente algo para sedar o paciente, assim como algo para a ansiedade ou angústia (se for o caso).

PARTE II
POR QUE OCORREM OS TRANSTORNOS DE HUMOR?

Não sabemos toda a história, mas sabemos algumas coisas. Por exemplo, que a depressão e o transtorno de humor bipolar são doenças. Ter essa ideia em mente é fundamental. O paciente que sofre dessas condições tem tanto controle sobre elas quanto um paciente hipertenso tem de sua pressão arterial, ou seja, não tem controle. Portanto, aquele tipo de frase que pacientes com depressão tanto escutam, "você tem que se ajudar", não faz sentido. Quem sofre de depressão não tem controle sobre o que está sentindo ou mesmo pensando. O mesmo ocorre com um paciente com mania ou hipomania.

Também sabemos que a depressão e o transtorno de humor bipolar não têm causas religiosas, não ocorrem por falta de fé, por ação de espíritos ou por qualquer outra explicação mística. Textos de Hipócrates, considerado o pai da medicina, que teria vivido na Grécia antiga entre 460 e 370 antes de Cristo, já identificavam o que hoje chamamos de depressão e transtorno de humor bipolar como doenças do cérebro (Goodwin & Jamison, 2007a). Portanto, é uma enorme injustiça responsabilizar quem sofre desses transtornos por algo que não tem controle, os sintomas de sua doença.

1. A genética

As causas da depressão e do transtorno de humor bipolar são multifatoriais. Ou seja, não há uma única causa, vários fatores se somam para determinar que a pessoa apresente um desses transtornos. Um deles é a genética.

Vários estudos demonstraram que tanto a depressão unipolar quanto o transtorno de humor bipolar apresentam um fundo genético, entretanto essa influência é muito maior no transtorno de humor bipolar.

Existem vários tipos de estudos que demonstraram essa influência. Um primeiro tipo de estudo foi aquele com gêmeos idênticos ou não. Gêmeos idênticos têm em comum a mesma genética e o mesmo "útero" (estiveram no útero de sua mãe ao mesmo tempo) e a princípio o mesmo ambiente na infância (caso nenhum dos dois tenha sido adotado por outra família). Já os gêmeos que não são idênticos têm em comum somente o mesmo ambiente no útero e na infância, a genética não é mesma, se parecem tanto geneticamente quanto irmãos de idades diferentes.

No caso do transtorno de humor bipolar, quando um gêmeo não idêntico apresenta o transtorno, a chance de o outro apresentar é um pouco menos do que 20%, já quando um gêmeo idêntico sofre desse transtorno, a chance de o outro também sofrer é de aproximadamente 80% (Goodwin & Jamison, 2007b). Essa diferença na chance, de 20 para 80%, é atribuída sobretudo à genética. No caso da depressão unipolar, a influência genética é menor, já que o grau de concordância entre gêmeos idênticos é de menos de 50% e entre gêmeos não idênticos de aproximadamente 20% (Goodwin & Jamison, 2007b). Claro, esses números variam um pouco entre as diferentes pesquisas.

Há outros tipos de estudos genéticos que também demonstram que tanto o transtorno de humor bipolar quanto a depressão unipolar têm um fundo genético. Por exemplo, estudos de adoção em que foi verificado que filhos de pessoas com esses transtornos, adotados por outras famílias, mantêm o risco de desenvolverem depressão ou transtorno de humor bipolar mesmo sem nunca terem tido contato com sua família biológica.

Além disso, um filho de uma pessoa com transtorno de humor bipolar tem uma chance dez vezes maior de ter esta doença (Harrison et al., 2018).

A base genética é o motivo pelo qual uma pessoa com um primeiro episódio de depressão, que tenha familiares com transtorno de humor bipolar, deva a princípio ser tratada para depressão bipolar, mesmo sem nunca ter apresentado mania ou hipomania.

Mas quais são os genes que estão relacionados à ocorrência desses transtornos? Vários genes estão sendo identificados (sobretudo ligados ao transtorno de humor bipolar), entretanto nenhum deles sozinho é capaz de determinar a ocorrência de depressão unipolar ou transtorno de humor bipolar. Chamamos essa situação de **herança poligênica**, quando uma combinação de genes fornece o risco para a ocorrência da doença, mas nenhum sozinho é capaz de fazê-lo.

Além disso, para complicar, nenhum desses genes especificamente confere risco somente para a depressão ou o transtorno de humor bipolar. Por exemplo, um dos genes identificados se chama *CACNA1C*. Esse gene está associado ao transtorno de humor bipolar, à depressão e à esquizofrenia, que é uma outra doença psiquiátrica, diferente dos transtornos de humor.

2. A epigenética

O que é epigenética? O nosso código genético é composto por pouco menos do que 30 mil genes, são eles que codificam as nossas proteínas. Um determinado gene pode ter a versão A, B ou C, a isso chamamos de nosso código genético. A genética trata desse código. Já a epigenética trata de quanto esses genes vão se "expressar", ou seja, "formar" proteínas.

Fatores ambientais, os mais diversos, podem alterar de forma duradoura a expressão genética. A influência do ambiente na expressão genética se traduz através da epigenética. Mas que fatores ambientais? Fumo pode ser um deles, fome pode ser outro, estresse também, e todos eles (além de muitos outros) podem modificar a epigenética.

Um exemplo de epigenética relacionada à depressão

Em neurociência são feitos estudos em animais. Esses estudos permitem uma observação que não é possível no ser humano. Claro que esses estudos são submetidos a um crivo de comitês de ética que visam, entre outras coisas, provocar o menor sofrimento possível ao animal.

Ratos e camundongos são bastante usados nesses experimentos. Tanto ratos como camundongos podem vivenciar algo que é semelhante à depressão nos seres humanos. Esses animais, nesse estado de "depressão", reproduzem muitos dos sintomas que pacientes com depressão apresentam, como, por exemplo, menos prazer por coisas que habitualmente lhes causam prazer. Essa "depressão" pode ser provocada por situações que também causam depressão no ser humano, como estresse crônico ou submissão, e melhora com os mesmos tratamentos que usamos no ser humano, como, por exemplo, os antidepressivos.

Uma série de experimentos pioneiros envolvendo a epigenética, muito interessantes e surpreendentes para a época, foi realizada pelo grupo do Michael Meaney em Montreal, no Canadá, na década de 90 (Weaver et al., 2004).

Ratos recém-nascidos requerem muito cuidado de sua mãe. Além de receberem leite, constantemente são limpos e tocados. Quando a rata se afasta, os recém-nascidos a chamam constantemente, emitindo uma vocalização em ultrassom. Mas nem todas as ratas têm naturalmente o mesmo comportamento, algumas cuidam mais de sua ninhada do que outras. A partir dessa observação (interação da rata com sua ninhada na segunda semana de vida desta), esse grupo de pesquisadores selecionou dois grupos de ratinhos, os 25% filhos de mães que eram menos cuidadosas (indiferentes) com sua ninhada e os 25% filhos de mães que eram mais cuidadosas, que receberam mais contato com sua mãe.

Vários experimentos foram feitos comparando esses dois grupos, o grupo dos que foram muito cuidados com o grupo dos que foram pouco cuidados. Em um desses experimentos, quando esses animais ficaram adultos, eles foram submetidos a um estresse de curta duração. Somente o grupo que havia sido menos cuidado desenvolveu, após esse estresse, um comportamento tipo depressivo (por exemplo, passaram a ter menos prazer em ingerir açúcar). Por que isso ocorria? Sabe-se que o aumento do cortisol em humanos está associado ao desenvolvimento de depressão. O que seria o cortisol no rato se chama corticosterona. Após esse estresse, a corticosterona estava aumentada nos ratos que haviam sido, no início da vida, menos cuidados. Isso não ocorria nos ratos da ninhada que havia sido mais cuidada.

Mas por que havia um aumento desse hormônio na idade adulta, sendo que o evento de ter sido negligenciado foi nas primeiras semanas de vida? Isso ocorria porque havia uma menor atividade dos receptores glicocorticoides em uma região do cérebro chamada de hipocampo. Traduzindo, os receptores glicocorticoides verificam quanto hormônio está circulante e regulam a sua produção e liberação após várias etapas. Quando esse receptor está menos sensível ou em menor quantidade, há uma leitura errada (para menos) da concentração de corticosterona e, consequentemente, um estímulo para a sua produção.

Mas por que estes receptores estão, na idade adulta, menos "ativos" em função de um estresse que ocorreu no início da vida? Isso ocorreu por causa de um mecanismo epigenético chamado metilação. Esse estresse precoce promove a ligação de um grupo metila (-CH$_3$) na região promotora do gene do receptor glicocorticoide no hipocampo. A região promotora é onde se liga o fator de transcrição que faz o gene iniciar a transcrição, ou seja, a formação de RNA, para produzir posteriormente a proteína, no caso a proteína é o receptor glicocorticoide. Quando a região promotora do gene é metilada, esse gene fica menos "ativo", e menos receptor glicocorticoide é formado (ver Figura 7).

Resumindo, o estresse representado pelo menor cuidado que receberam quando "bebês" provocou uma alteração na expressão de um importante gene ligado à depressão, aumentando a vulnerabilidade a ocorrer depressão após estresse na idade adulta. Essa pesquisa exemplifica um mecanismo epigenético de vulnerabilidade para o desenvolvimento de depressão. Os genes do rato não mudaram, o que mudou foi a capacidade de expressão desse gene. Vários estudos demonstraram que esse fenômeno também ocorre no ser humano, sendo que o abuso infantil (e dentro dele a negligência emocional) pode alterar o padrão de metilação de muitos genes (de uma percentagem do DNA), inclusive o do receptor glicocorticoide (Suderman et al., 2004).

3. A neuroquímica

O estudo da neuroquímica na depressão está ligado à descoberta dos antidepressivos. Os dois primeiros antidepressivos, a imipramina e a iproniazida, começaram a ser utilizados na depressão em 1957.

Logo após, surgiu o interesse de estudar-se o efeito químico desses medicamentos, porque isto ajudaria no desenvolvimento de outras moléculas que também poderiam ser eficazes na depressão. Além disso, sabendo alguma coisa sobre o efeito neuroquímico desses medicamentos, talvez se descobrisse alguma coisa sobre a neuroquímica da depressão.

Os neurotransmissores

Qual o efeito da imipramina e da iproniazida? As duas têm efeitos complexos, mas o principal é a ação nas monoaminas cerebrais, um tipo de molécula que faz a comunicação entre os neurônios. Os neurônios são células peculiares, sua principal função é o armazenamento, modulação e transmissão de informações. Eles formam circuitos complexos, possuem um corpo central e longos prolongamentos, como se fossem fios. Os prolongamentos que recebem informações chamamos de dendritos, os que transmitem a informação (normalmente mais longos) chamamos de axônios. Então, para se comunicarem, o final do axônio de um neurônio deve se comunicar com o dendrito do neurônio seguinte, (ver Figura 8).

O sinal percorre os axônios como um sinal elétrico, mas ele não pula de um axônio a um dendrito do neurônio seguinte. Quando o sinal elétrico chega no fim do axônio, ele estimula a liberação de neurotransmissores (entre eles a noradrenalina e a serotonina) no espaço que existe entre o axônio de um neurônio e o dendrito do neurônio seguinte. Esse espaço chamamos de sinapse. Recapitulando, o sinal elétrico vem pelo axônio, chega ao final do axônio e estimula a liberação dos neurotransmissores e esses neurotransmissores vão se ligar a receptores do neurônio seguinte e ativar ou inibir o neurônio seguinte conforme o tipo de receptor em que se liga (ver Figura 9).

Os neurotransmissores estão armazenados em vesículas, depois de liberados na sinapse se ligam aos receptores (esta é a ação deles), e na sequência são recapturados pelo neurônio que os liberou voltando para as vesículas de armazenagem para serem posteriormente reutilizados. Essa recaptura é feita por um complexo proteico que chamamos de transportador, porque transporta o neurotransmissor de volta ao neurônio que o liberou.

A imipramina (ver Figura 10) se liga a dois desses transportadores, o de noradrenalina e o de serotonina, impedindo com isso que essas duas monoaminas voltem ao neurônio que as liberou. Na verdade, não impede, mas retarda a volta, e com isso aumenta a neurotransmissão relacionada a esses neurotransmissores (no caso, noradrenalina e serotonina).

Já a iproniazida é um inibidor da monoaminoxidase, que é uma das enzimas que destroem a dopamina, a noradrenalina e a serotonina. Inibindo essa enzima, aumenta a quantidade dessas monoaminas e a neurotransmissão relacionada a elas (ver Figura 11).

Ou seja, duas moléculas completamente diferentes, agindo em locais diferentes, tem em comum o fato de serem muito eficazes no tratamento da depressão e de aumentarem (por mecanismos diferentes) a neurotransmissão noradrenérgica e serotonérgica. Era lógico pensar que a depressão pudesse ser causada pela diminuição desses neurotransmissores. E na época se pensou isso.

Essa hipótese inicial, que foi formulada nos anos 60, foi corroborada pelo fato de que dois anti-hipertensivos (remédios usados para pressão alta) provocavam depressão. O mecanismo de ação desses dois medicamentos era a diminuição da neurotransmissão noradrenérgica (o contrário do que faziam os antidepressivos até ali descobertos). A reserpina diminui sobretudo a quantidade de noradrenalina (e em menor grau de dopamina e serotonina) nas vesículas onde esses neurotransmissores estão armazenados, e a clonidina diminui a produção e liberação de noradrenalina.

Entretanto, na década de 70 ficou claro que as coisas eram mais complicadas. O efeito dos antidepressivos nas monoaminas era imediato, mas na depressão levava em torno de duas a três semanas para iniciar. Talvez o aumento desses neurotransmissores estivesse provocando mudanças no neurônio pós-sináptico (não o que liberou, mas aquele onde os neurotransmissores agem). A partir dessa hipótese, inicialmente foram estudados os receptores aos quais esses neurotransmissores se ligavam. Foi pesquisado tanto o efeito da depressão quanto dos antidepressivos na sensibilidade e no número desses receptores. Foram estudos complexos, já que para cada neurotransmissor há vários tipos de receptores (por exemplo, a serotonina tem catorze tipos).

Já na década de 80, passou-se a estudar a "transdução do sinal", que é a comunicação que ocorre dentro do neurônio, entre o receptor e o núcleo (estimulando a expressão de vários genes). São processos altamente complexos e muito foi descoberto, tanto relativo à depressão quanto ao efeito dos antidepressivos. Não é a função deste livro ficar explicando essas inúmeras descobertas (seria complexo, enfadonho e interminável), mas vale a pena explicar o papel do BDNF.

O BDNF

BDNF quer dizer *brain derived neurotrophic fator*. Traduzindo, fator neurotrófico derivado do cérebro. Sua função é promover a sobrevivência neuronal e a neurogênese, que é a criação e diferenciação de novos neurônios além da formação de novas sinapses. Ele é sintetizado em neurônios e na glia (outro tipo de célula do sistema nervoso central) e liberado na sinapse, onde vai agir nos dois neurônios que formam essa sinapse. Sua ação depende de sua ligação a um receptor específico chamado TrkB.

Na depressão ocorre uma diminuição nos níveis de BDNF. Essa provavelmente é uma das causas da diminuição do volume de uma estrutura do cérebro chamada hipocampo. Não é só essa região do cérebro que apresenta perda de volume, mas é a mais fácil de ser observada por sua anatomia e a que mais diminui de tamanho (ver Figura 12). A diminuição ocorre tanto por perda de neurônios, quanto do número de sinapses desses neurônios. Essa perda de volume guarda relação com o tempo de duração da depressão e a sua intensidade. Por outro lado, todos os tratamentos antidepressivos aumentam o BDNF e promovem a neurogênese e a recuperação do volume do hipocampo. Portanto, BDNF e neurogênese podem ser dois dos fatores que levam um tratamento antidepressivo a ser eficaz (ver Figura 12).

O eixo hipotálamo-hipófise-adrenal e o cortisol

Um dos problemas da psiquiatria é que o diagnóstico é eminentemente clínico, não há exames que possam ser feitos para confirmar ou excluir o diagnóstico de depressão ou de transtorno de humor bipolar. A situação é completamente diferente em outras especialidades médicas. Por exemplo, na endocrinologia. O diagnóstico de hipotireoidismo antigamente era feito clinicamente, através somente dos sinais e sintomas que o paciente apresentava como consequência da diminuição da quantidade dos hormônios produzidos por esta glândula. Há muito tempo a dosagem dos hormônios da tireoide e do hormônio que estimula a tireoide é facilmente disponível e tornou o diagnóstico de hipotireoidismo bastante objetivo e fácil.

A psiquiatria não tem esses exames para uso na clínica, mas neurocientistas procuram há muito tempo marcadores biológicos que possam ser úteis. Aqui é importante uma informação: os exames que temos são usados exclusivamente na pesquisa, porque são úteis apenas quando comparamos grupos, por exemplo, um grupo de pessoas deprimidas e um grupo de pessoas não deprimidas. Mas não são úteis quando olhamos só uma pessoa, como é o caso de um paciente procurando tratamento. Um dos motivos é que os parâmetros que pesquisamos apresentam uma dispersão muito grande. O que quer dizer isso? Exemplo, para uma determinada proteína ou hormônio, o normal é de 5 a 10 (média 7,5) e o encontrado no paciente com depressão é de 6 a 12 (média 9). Quando olhamos para os grupos, os deprimidos têm uma média maior, mas pode ser que uma determinada pessoa que esteja deprimida tenha 6 e uma não deprimida tenha 10! Esse é um dos motivos pelo qual esses testes não são úteis em clínica.

Uma das muitas tentativas de encontrar esses marcadores biológicos foi a dosagem do hormônio cortisol, que regula vários sistemas em nosso organismo. Esse hormônio está aumentado em situações de estresse. Os níveis desse hormônio não são constantes durante as 24 horas, há um pico de secreção ao acordar e níveis bem menores no decorrer do dia e da noite. Além disso, vários fatores podem fazer os níveis oscilarem.

Como é regulada a liberação do cortisol na corrente sanguínea? Ele é regulado pelo eixo hipotálamo-hipófise-adrenal. Um dos núcleos do hipotálamo (o núcleo paraventricular) libera um hormônio chamado CRH, que passa por um sistema sanguíneo específico para a hipófise. O hipotálamo é uma parte do cérebro e a hipófise é uma glândula que fica abaixo do cérebro (ver Figura 13).

Na hipófise, esse hormônio estimula células especializadas a produzirem e liberarem um outro hormônio na circulação sanguínea, o ACTH. Esse segundo hormônio vai através do sangue até a adrenal (também chamada de suprarrenal), que é uma glândula que fica acima dos rins, onde ele estimula a produção e liberação do cortisol. O cortisol vai agir em dois tipos de receptores, os mineralocorticoides e os glicocorticoides. Há receptores glicocorticoides no hipocampo, que é outra estrutura do cérebro. O cortisol chega até o hipocampo através do sangue.

O hipotálamo, que é o início desse eixo de controle da secreção do cortisol, recebe influência do hipocampo (aquela estrutura do cérebro que pode diminuir de volume na depressão). Se há cortisol em excesso, a ação deste nos receptores glicocorticoides do hipocampo faz com que a produção e liberação de CRH pelo hipotálamo seja inibida (consequentemente diminuindo o ACTH e o cortisol). O mau funcionamento do hipocampo pode, ao não exercer seu efeito inibitório no CRH, causar um aumento dos níveis de ACTH e consequentemente de cortisol.

Na maioria das depressões, o nível de cortisol está aumentado. Isso depende da intensidade desta depressão e do tipo. Por exemplo, na depressão melancólica o cortisol está geralmente aumentado, entretanto na depressão atípica diminuído. Novamente é importante salientar que estas diferenças são encontradas quando verificamos um conjunto de pacientes e a utilidade clínica de exames relacionados ao cortisol e seu controle é muito limitada.

Por exemplo, no final da década de 70 foi desenvolvido um teste para verificar o cortisol na depressão. O problema neste desenvolvimento era que o cortisol variava muito durante o dia e que o aumento relacionado à depressão não era muito grande. Desta forma, simplesmente medir o cortisol não funcionava. Então foi utilizado o teste de supressão do cortisol pela dexametasona.

A dexametasona é um cortisol sintético, um remédio que faz mais ou menos o mesmo efeito que o cortisol (é um corticoide, corticoides são medicamentos que fazem o papel do cortisol). A pessoa tomava este medicamento à noite e ele inibia a secreção do cortisol, o corpo o via como cortisol e parava a produção e a liberação para evitar o excesso. No dia seguinte, era retirado sangue às 8h da manhã, no início da tarde e da noite e era medido o cortisol. Dependendo do tipo e da intensidade da depressão, o cortisol estava aumentado em relação ao que era esperado nesses pacientes, ou seja, a dexametasona não conseguia inibir a secreção do cortisol.

Esse teste tem pouca utilidade clínica por vários motivos, mas foi importante para identificar o papel desse eixo endocrinológico na depressão. Para se ter uma ideia, existem milhares de estudos publicados em revistas científicas sobre todos os aspectos possíveis da secreção e regulação do cortisol na depressão.

4. Os eventos de vida e o estresse crônico

A maioria das pessoas dirá que a depressão ocorre em função de eventos negativos. Será que está ocorrendo um problema na vida dessa pessoa? Um problema familiar, profissional, financeiro ou de relacionamento?

A relação entre os eventos de vida e a depressão são muito complexos. Resumindo, em quem tem vulnerabilidade, os eventos de vida podem eventualmente serem fatores desencadeantes da depressão. Entretanto, há depressões em que nenhum importante evento de vida aconteceu, depressões que ocorrem espontaneamente.

Então qual a relação entre esses eventos de vida (ou o estresse crônico) e a depressão?

Voltando ao humor

No início deste livro, já foi exposto o que é humor, mas é importante retomar esse tópico para entender o papel dos eventos de vida e do estresse crônico como fatores de risco para desencadear uma depressão.

Como já foi explicado, o humor é um estado emocional subjetivo e contínuo. O exemplo que foi dado anteriormente é de uma pessoa que está de luto pela perda de um parente próximo e querido que pode, eventualmente, rir de uma piada engraçada contada no velório, ter prazer em uma conversa interessante, mas que no fundo está triste com a perda. A tristeza faz parte do humor que essa pessoa está apresentando durante o seu período de luto.

Também foi explicado que o humor norteia o nosso comportamento. Quando o humor fica "para baixo", a pessoa se sente entristecida, com menos prazer, com menos interesse em coisas que antes provocavam o seu interesse, com menos vontade ou iniciativa, com menos energia, com menos confiança em si, interagindo menos com outras pessoas. Esse estado do humor é normal ocorrer em várias situações, por exemplo quando estamos tendo problemas importantes para os quais não vemos saída ou solução. Uma pessoa pode ficar assim após um rompimento amoroso, demissão, perdas importantes etc. O comportamento resultante desse humor é de cautela, resguardo, de identificar riscos e ameaças (às vezes até os exagerando). Esse comportamento resultante é adaptado à situação de risco que a pessoa está vivendo naquele momento.

Se a situação muda de forma positiva, por exemplo, alguém que perdeu o emprego consegue na sequência um outro melhor, o humor acompanha essa mudança. A tristeza dá lugar a um bem-estar, o pessimismo ao otimismo, a falta de prazer ou interesse ao retorno do prazer e até mesmo entusiasmo etc. E esse humor mais "para cima" é adaptado à nova situação que a pessoa está vivendo.

Essa é a função do humor, adaptar o comportamento à situação em que a pessoa está inserida. Essas variações são, portanto, normais. Imagine uma pessoa que perdeu o emprego e decide continuar otimista do ponto de vista financeiro, ela provavelmente esgotaria seus recursos rapidamente. O humor negativo que a pessoa experimenta face à demissão provavelmente vai impedi-la de continuar gastando seu dinheiro da mesma forma.

Como já vimos, tanto a depressão quanto o transtorno de humor bipolar são "doenças" do humor, da regulação do humor. Nada mais natural que fatos que ajustem o humor "para baixo" possam desencadear um episódio depressivo em pessoas que tenham essa vulnerabilidade.

Neste caso, apesar de parecer que foi o evento em questão que provocou a depressão, ele foi um gatilho para um processo que tem vida própria e que deve ser tratado adequadamente.

O luto é um processo normal e saudável, entretanto nada impede que uma pessoa que tenha depressão recorrente tenha um novo episódio depressivo após a perda de uma pessoa significativa. Ela pode ter um luto e uma depressão ao mesmo tempo e, nesse caso, a depressão deve ser tratada.

Portanto, eventos de vida negativos devem provocar uma alteração compatível com a situação no humor, isto é normal, esperado, adaptativo. Mas em quem tem vulnerabilidade para desenvolver episódios depressivos, pode ser um desencadeante para depressão.

O estresse crônico

Usamos coloquialmente o termo estresse para nos referirmos aos estressores, ou seja, estímulos externos que exigem uma mudança no nosso organismo. Estresse na verdade é a reação que o nosso organismo tem a esses estímulos.

Quando, no verão, uma pessoa decide se bronzear, ficar exposta ao sol, o sol é um estressor porque provoca uma alteração na pele, a reação da pele ao sol é o estresse. Aqui nos interessa o estresse (sobretudo o crônico) psicológico, porque este pode ser um fator de risco para o desenvolvimento de transtornos de humor em pessoas vulneráveis.

O estresse agudo é uma reação complexa que prepara o organismo para lidar com o perigo e para as consequências desse perigo. Durante o estresse, nosso cérebro funciona de uma forma diferente, nos mantendo atentos e reativos para qualquer sinal de risco, nosso corpo se prepara para a ação, hormônios como o cortisol são liberados, nosso sistema imunológico e inflamatório é ativado. O estresse agudo é uma reação rápida que aumenta nossa chance de sobrevivência. O problema é quando o estresse é crônico, constante. Nesse caso, mesmo que a intensidade seja menor, o tempo em que todos esses sistemas são ativados torna-se um problema, podendo trazer consequências negativas ao nosso organismo. Uma dessas consequências pode ser o desenvolvimento de depressão em pessoas que tenham esta tendência, assim como o desenvolvimento de outras doenças como a cardiovascular e o diabetes.

A seguir, vamos examinar como o estresse pode influenciar o sistema inflamatório e como a inflamação pode provocar depressão.

A relação entre inflamação e transtornos de humor

A inflamação é uma resposta do organismo a uma lesão e visa a recuperação dos tecidos afetados. Essa lesão pode ser causada por uma infecção, por um traumatismo, por substâncias etc. Esse é o conceito clássico. Por exemplo, quando nos queimamos, ou sofremos uma pancada, ocorre lesão e morte de células no local da queimadura ou da batida. Para lidar com essa lesão, removendo células mortas e propiciando a gênese de novas células, ocorre a inflamação, que é um processo bioquímico e celular muito complexo.

A inflamação, que é um processo necessário para a sobrevivência, pode também provocar doença quando inadequada. Por exemplo, nas doenças autoimunes (quando processos de defesa atacam nosso próprio organismo) ocorre um processo inflamatório crônico. Na verdade, cada vez mais se identifica na origem de muitas das doenças um processo inflamatório crônico.

Além de ser desencadeada por lesão tecidual (tecido é como chamamos um conjunto de células), a inflamação pode ser ativada durante o **estresse psicossocial**, que pode ser definido como uma falta de controle ou incapacidade de lidar com ameaças que se apresentam. Esse é um processo normal que visa adequar o comportamento e o corpo à situação de perigo. Entretanto, quando o estresse se torna **crônico**, pode trazer consequências negativas. Por exemplo, esse é um dos mecanismos pelo qual o estresse pode desencadear depressões, sobretudo em pessoas suscetíveis. Lembrando que a maior propensão em desenvolver depressão ocorre em função de fatores genéticos, epigenéticos, eventos precoces de vida etc. Como isto ocorre?

Não é uma função desse livro explicar detalhadamente como o estresse psicossocial desencadeia depressão, seria extenso, complexo e enfadonho. O resumo é que situações de estresse liberam tanto a noradrenalina quanto outras substâncias que desencadeiam o processo inflamatório. Com isso, células de defesa do organismo, tanto fora (por exemplo, monócitos) quanto dentro do cérebro (por exemplo, micróglia e astrócitos) tornam-se inflamadas e produzem uma série de substâncias sinalizadoras de inflamação. Isso tudo acaba acarretando, no cérebro, uma diminuição do BDNF (aquela molécula responsável por estimular a produção de novos neurônios e sinapses), diminuição na produção e efetividade da noradrenalina, serotonina e dopamina, alteração no metabolismo do glutamato (que é outro neurotransmissor importantíssimo na depressão) e aumento na produção do ácido quinolínico (relacionado com o desenvolvimento de depressão e risco de suicídio).

Uma das formas de estudar as consequências desse processo no funcionamento cerebral é através de estudos com vacinas.

Quando uma pessoa se vacina, ela inflama logo em seguida, e essa inflamação dura poucos dias. Esse é o motivo pelo qual as pessoas às vezes se sintam mal, abatidas, sem energia, nos dias seguintes a uma vacina. Então essa é uma situação ideal para se estudar o papel da inflamação no comportamento. Podemos fazer exames antes da vacinação, quando a pessoa não está inflamada, e três horas após. O que ocorre? Através de estudos utilizando ressonância funcional, um exame que permite ver indiretamente a ativação ou não de neurônios no cérebro, ficou demonstrado que o funcionamento de alguns circuitos cerebrais relacionados à depressão, à anedonia (incapacidade de sentir prazer) e à ansiedade são alterados. E esse padrão alterado de ativação (no sentido de provocar depressão e ansiedade) é proporcional à inflamação decorrente da vacina. Claro, essa é uma reação que dura somente de algumas horas a poucos dias, ao contrário do estresse psicossocial crônico em que a constância do estresse leva a uma continuidade da inflamação (Miller & Raison, 2016).

A inflamação que ocorre nos transtornos de humor pode provocar doenças físicas e doenças físicas inflamatórias podem provocar depressão
Como já vimos, essa inflamação não está ocorrendo somente no cérebro, também está ocorrendo no corpo. Esse provavelmente é um dos mais importantes mecanismos pelos quais o estresse crônico, a ansiedade, a depressão e o transtorno de humor bipolar são associados ao desenvolvimento de doenças que têm um fundo inflamatório, como diabetes e doença cardiovascular, entre muitas outras. A doença cardiovascular é que acaba acarretando infarto agudo do miocárdio e acidentes vasculares cerebrais (derrames).

Essa é uma via de mão dupla, a inflamação provavelmente também é o motivo pelo qual pessoas que sofrem de doenças inflamatórias crônicas, como a artrite reumatoide, tenham com muita frequência depressão.

O exercício físico e a inflamação

Já que a inflamação é importante na gênese, manutenção e evolução tanto da depressão quanto do transtorno de humor bipolar, seria muito útil o seu controle para um melhor resultado no tratamento desses transtornos. O exercício físico tem a capacidade de reduzir a inflamação, e esse provavelmente é **um dos motivos** pelo quais ele tem um efeito benéfico no tratamento dos transtornos de humor (Rethorst et al., 2013).

5. Doenças e medicamentos podem provocar depressão e transtorno de humor bipolar

Doenças físicas podem ser a causa ou desencadear transtornos de humor. Isso acontece por vários motivos. Uma lesão (por exemplo, traumatismo cranioencefálico, acidente vascular cerebral, tumor, esclerose múltipla) (Kim et al., 2007) ou mau funcionamento (por exemplo, doença de Parkinson, epilepsia) que acometa áreas do cérebro relacionadas à modulação do humor, por doenças endocrinológicas (por exemplo, hipotireoidismo, hipertireoidismo, doença de Cushing) que alteram hormônios que influenciam o humor, por doenças inflamatórias (por exemplo, artrite reumatoide, lúpus eritematoso sistêmico), por doenças cujo tratamento pode provocar depressão ou mania e, finalmente, por doenças cujas limitações ou sofrimento impostos (dor, por exemplo) são um fator de estresse

Três doenças frequentes merecem comentário, o hipotireoidismo, a doença de Parkinson e o câncer. No hipotireoidismo ocorre uma diminuição dos hormônios da tireoide. A diminuição pode provocar sintomas que se confundem com a depressão, como cansaço, falta de energia etc. Nesse caso, apesar de se parecer com uma depressão, não é, são sintomas típicos do hipotireoidismo. Entretanto, em algumas pessoas o hipotireoidismo pode desencadear episódios depressivos ou diminuir o efeito de medicamentos antidepressivos. Na doença de Parkinson, ocorre uma diminuição nos níveis de dopamina no cérebro. A dopamina está envolvida em vários aspectos do funcionamento cerebral. O que geralmente chama atenção na doença de Parkinson é a alteração no comportamento motor, a pessoa desenvolvendo lentidão nos movimentos, rigidez muscular, tremores. Entretanto, ocorrem também sintomas comportamentais, como apatia (indiferença ao ambiente), anedonia (incapacidade de sentir prazer) e frequentemente desenvolvem depressão, uma vez que a dopamina está envolvida na regulação do humor. Quanto ao câncer, além de todo o estresse, medo e sofrimento que ele impõe, tanto ao paciente quanto a sua família, alguns tumores podem secretar substâncias que provocam depressão, esse é o caso de alguns tumores de pulmão e pâncreas.

Certos medicamentos podem provocar depressão e outros, mais raramente, mania ou hipomania. Claro que isso é mais possível de ocorrer em pessoas que sejam vulneráveis, que tenham propensão a esses transtornos de humor. A lista de medicamentos que podem contribuir para os transtornos de humor é grande, alguns exemplos são os corticoides (usados para tratar doenças inflamatórias, asma, alergias, que podem provocar depressão, mania ou estado misto), isotretinoína (usada para o tratamento da acne, pode provocar depressão) e atensina (usada para o tratamento da pressão alta, pode provocar depressão). Uma situação complexa (mas que tem solução) é a de mulheres que tenham tido câncer da mama e façam uso de medicamentos cujo objetivo é diminuir drasticamente os níveis de um hormônio chamado estrógeno. Esse hormônio deve ser diminuído porque o câncer de mama tem seu crescimento estimulado pelo estrógeno. Dessa forma, diminuindo a secreção desse hormônio se previne a recidiva do câncer. Mas diminuir o estrógeno pode desencadear depressão e torna os medicamentos antidepressivos menos eficazes. Um dos medicamentos que faz isso é o tamoxifeno.

Antidepressivos desencadeando mania ou hipomania

Na parte inicial deste livro, várias vezes foi mencionado que a diferenciação entre depressão unipolar e depressão do transtorno de humor bipolar era vital para um tratamento eficaz. Isso ocorre porque em pacientes com depressão bipolar os antidepressivos podem desencadear episódios de mania, hipomania ou, mais frequentemente, estados mistos. Tanto a hipomania quanto os estados mistos são frequentemente não diagnosticados, a hipomania porque pode durar pouco tempo e se confundir com a melhora do paciente, e o estado misto porque geralmente é confundido com a depressão ansiosa. Tanto em um quanto em outro caso, erroneamente, a potência do tratamento antidepressivo pode ser aumentada, agravando ainda mais a situação. Algo muito frequente! Para complicar, antidepressivos são usados para tratar várias outras condições, como por exemplo enxaqueca, dores crônicas, fibromialgia, obesidade, tabagismo e ejaculação precoce, entre outros. Além disso, não só psiquiatras, que estão mais habituados a reconhecer o transtorno de humor bipolar, prescrevem estes medicamentos. Eles também são prescritos por clínicos, cardiologistas, endocrinologistas, ginecologistas, neurologistas, médicos que geralmente não tem o treinamento para identificar essas formas sutis de transtorno de humor bipolar.

Substâncias psicoativas

Outras substâncias psicoativas (como álcool e drogas) podem provocar transtornos de humor. Por exemplo, a cocaína promove a liberação em grande quantidade de neurotransmissores como dopamina e noradrenalina. Isso a princípio provoca um efeito euforizante, mas pode desencadear quadros de mania ou hipomania. A insônia consequente do uso dessa substância também aumenta o risco de desenvolvimento de mania ou hipomania em pacientes com transtorno de humor bipolar. Essa grande liberação provoca depleção (diminuição da quantidade) desses neurotransmissores na sequência, podendo desencadear depressões.

A maconha, que tem sido cada vez mais usada, é uma planta com muitos princípios ativos, que é como chamamos as moléculas que têm ação farmacológica (boa ou ruim). Um desses princípios ativos chama-se canabidiol, que pode ser usado como medicamento para o tratamento da epilepsia. Outro, que ocorre em muito maior quantidade, é o tetraidrocanabinol (THC), que pode provocar psicose (Murray et al., 2016). A maconha pode provocar vários problemas psiquiátricos, inclusive diminuição da espessura no córtex cerebral em adolescentes (Albaugh et al., 2021). Pode provocar ou agravar a depressão, e provavelmente o THC é o responsável por esse efeito.

Tanto o uso quanto a abstinência de substâncias psicoativas podem provocar depressão. Por exemplo, a abstinência ao álcool em pacientes alcoolistas pode desencadear sintomas depressivos. Em geral, após duas semanas de abstinência, é de se esperar uma progressiva redução nos sintomas depressivos. Entretanto, em pacientes suscetíveis, os sintomas podem demorar meses (Brown et al., 1995). O mesmo efeito que ocorre com a abstinência ao tabaco.

É uma via de mão dupla, transtornos de humor podem provocar doenças físicas

Como já foi explicado, a depressão e o transtorno de humor bipolar são doenças inflamatórias. Dessa forma, a inflamação não só pode desencadear esses transtornos como faz parte deles. E essa inflamação pode provocar outras doenças, e aí a lista é enorme. Dois exemplos são a doença cardiovascular e o diabetes. A doença cardiovascular é aquela em que ocorrem placas de gordura nas artérias. As células que revestem o interior dos vasos sanguíneos têm a função de impedir que o sangue coagule. Onde há essas placas, pela pressão que é exercida no local pelo estreitamento do vaso sanguíneo, essas células podem ser removidas e, nesse caso, o sangue pode coagular. A coagulação pode impedir o fluxo de sangue e todas as células da região irrigada por esta artéria ficam sem oxigênio e glicose, portanto morrem. Esta é a causa dos infartos do miocárdio, em que as coronárias podem entupir. Miocárdio é o nome do músculo do coração, coronárias são chamadas as artérias que irrigam o músculo do coração, infarto é falta de sangue decorrente do entupimento. Também é a causa do acidente vascular cerebral (AVC) isquêmico, o popular derrame. Os sintomas do AVC se devem à área do cérebro que "morre" por falta de sangue. O desenvolvimento das placas de gordura depende de processos inflamatórios que, como já vimos, ocorrem na depressão. Dessa forma, depressão é um importante fator para o desenvolvimento de doença cardiovascular, tão importante quanto pressão ou colesterol altos. Além disso, a depressão aumenta o risco de morte por infarto agudo do miocárdio em pessoas com doença coronária (Bush et al., 2001).

Os transtornos de humor são fatores de risco para o desenvolvimento de muitos tipos de doenças físicas. Os possíveis mecanismos envolvidos não são somente a inflamação, incluem a desregulação da secreção de hormônios, hábitos modificados (sono, dieta, atividade física...), entre outros.

6. Circuitos cerebrais

Como já vimos, vários neurotransmissores podem estar alterados durante a depressão. Antidepressivos foram criados para corrigir essas alterações. Isto pode nos levar a raciocinar como se o cérebro fosse uma glândula, que tivéssemos de aumentar ou diminuir substâncias. Mas o cérebro não é uma glândula. Os neurotransmissores fazem a comunicação entre neurônios, que formam circuitos extremamente complexos. Então, pode ser que o efeito desejado seja somente em uma região ou alguns circuitos dependentes dessa região cerebral, mas não em outras.

Dessa forma, é importante o estudo da neuroanatomia ligada à depressão, mas esse estudo é muito complexo. É mais fácil em animais, pois os neurocientistas podem colocar no cérebro eletrodos (medindo a atividade elétrica de neurônios) e cânulas (medindo neurotransmissores e peptídeos), verificando o que está ocorrendo em tempo real. O cérebro humano é bem mais complexo e seu estudo depende de técnicas menos precisas, como por exemplo a ressonância funcional.

O objetivo deste livro não é expor todas as regiões do cérebro envolvidas na depressão ou na regulação do humor, mas passar a ideia de que é a alteração da atividade (aumentada ou diminuída) de vários circuitos cerebrais que provoca os transtornos de humor. Um dia vamos ter um exame que identifique essas alterações de funcionamento e possivelmente poderemos identificar diferentes depressões e tratamentos baseados nesses exames; tratamentos específicos para aquele paciente, naquele momento. A esta perspectiva chamamos de medicina (ou especificamente psiquiatria) de precisão (Williams, 2016).

Um dos exemplos que podem dar uma ideia do que já se sabe é o papel do córtex orbitofrontal. Essa região que fica no "assoalho" do cérebro, exatamente acima dos olhos, tem várias funções. A principal é dar valor tanto ao que a pessoa está percebendo do ambiente, quanto aos pensamentos que está tendo. A região mais central do córtex orbitofrontal é ativada em avaliações "positivas" e a região lateral em "negativas". Na depressão, a região central está com a sua atividade diminuída e a região lateral aumentada. Desta forma, as avaliações positivas estão diminuídas e as negativas aumentadas. Além disso, as conexões da região central com outras estruturas cerebrais estão funcionalmente diminuídas, enquanto as da região lateral estão aumentadas. O aumento da comunicação entre a região lateral do córtex orbitofrontal com uma região do cérebro chamada de giro angular (envolvida no processamento da linguagem) pode estar relacionado com a produção de pensamentos negativos. Já o aumento dessa comunicação com o precuneus (região envolvida no sentido de si próprio) pode estar relacionada com a diminuição da autoestima, assim como aumento da comunicação com o hipocampo e giro para-hipocampal (regiões envolvidas com o processamento da memória) pode estar relacionado com o viés negativo nas lembranças de pacientes com depressão (Rolls, 2019).

A comunicação aumentada entre a região lateral do córtex orbitofrontal com o cíngulo anterior está relacionada com a desesperança e falta de motivação (Rolls, 2019). Vários estudos demonstraram que a depressão está associada com a ativação de locais específicos do cíngulo anterior e que a intensidade da depressão guarda relação com a intensidade de ativação dessa região. Além disso, quando se introduz eletrodos, com o intuito de diminuir a atividade dessa região através de uma pequena corrente elétrica, há uma melhora da depressão.

O aumento da conexão entre a região lateral do córtex orbitofrontal e o cíngulo posterior (ver Figura 14), região que está envolvida com memórias autobiográficas, autorreflexão e imagem do futuro, provoca a emergência de memórias tristes, diminuição da autoestima e provavelmente pessimismo quanto ao futuro (Rolls, 2019).

Portanto, os estudos estão evoluindo para a "visão" do funcionamento de circuitos cerebrais que envolvem mais de uma estrutura. O padrão de ativação desses circuitos está relacionado não só com a ocorrência de depressão, mas com o tipo de sintomatologia (Williams, 2016).

PARTE III
OS TRATAMENTOS

1. Por que usar medicamentos na depressão?

Respondendo a essa questão de forma direta: porque funcionam. Entretanto, a aceitação desse fato não é tão simples. Muitas explicações para a depressão podem ser encontradas, poderia ser por problemas que a pessoa está vivenciando, problemas no casamento, no trabalho, financeiros, por não ter atingido suas expectativas, por uma perda ou por estar com alguma doença. Poderia ser por traumas na infância ou em outro momento qualquer da vida. Várias causas para a depressão podem ser pensadas. Entretanto, como já vimos, a depressão é uma doença com um fundo biológico.

Vários tratamentos são possíveis na depressão, **medicamentos**, **psicoterapias**, **técnicas de estimulação cerebral** e **modificação do estilo de vida (hábitos)**.

Vamos iniciar pelos medicamentos. Como sabemos que eles são eficazes? Há uma técnica que é aceita para essa investigação de eficácia, que se chama ensaio clínico randomizado, controlado, duplo-cego com placebo. O que quer dizer isso? Ensaio clínico quer dizer que é uma pesquisa clínica, ou seja, com pacientes. Não vale estudo *in vitro* (*in vitro* quer dizer fora do organismo, em um tubo de ensaio, por exemplo), também não vale em animais. Quanto a randomizado, o que significa? São formados dois grupos de pacientes através de sorteio, nunca escolhidos para cada um desses grupos. O sorteio garante que os dois grupos sejam o mais semelhante possível. Randomizado quer dizer que entrar em um ou outro grupo é aleatório. E duplo-cego, o que essa expressão significa? Que tanto o paciente quanto o examinador não sabem a que grupo pertence o paciente. Um dos grupos recebe placebo (um comprimido idêntico ao do remédio, mas sem o medicamento dentro, só um pó), o outro grupo recebe o medicamento. Essa é a única técnica de pesquisa que é considerada bastante confiável para estabelecer a eficácia de um medicamento. Se não fosse assim, tanto o médico que avalia quanto o paciente poderiam ter a tendência de dizer que o medicamento funcionaria mais do que o placebo. O placebo melhora alguns pacientes, e o que se espera de um remédio é que seu efeito seja maior do que o efeito sugestivo do placebo. Quando isso ocorre (esses estudos são feitos várias vezes e em locais diferentes), podemos generalizar aquela informação, que o medicamento é eficaz naquele tipo de paciente em que foi testado.

Quando os pacientes são recrutados e incluídos nessas pesquisas, não se pergunta se estão com problemas no trabalho, no casamento ou qualquer outro problema, e muito menos se a pessoa acha que sua depressão tem alguma explicação. Quando indicamos um medicamento para tratar a depressão, estamos indicando para pacientes, a princípio, semelhantes àqueles que foram incluídos nesses estudos. Então, a rigor, não interessa o que pensamos sobre depressão para indicar ou não um tratamento com remédios, interessa somente se, em estudos bem conduzidos, ele foi ou não eficaz naquele tipo de paciente.

2. Por quanto tempo usar os medicamentos?

Depende da situação. Em um primeiro episódio de depressão, o medicamento deve ser usado por seis meses a dois anos após a remissão, ou seja, sem contar o tempo em que a pessoa ainda não melhorou. Entretanto, alguns pacientes podem ter que usar por mais tempo (muitos anos ou indefinidamente) o medicamento. Seja porque cada vez que param de usá-lo recaem em um novo episódio depressivo, ou porque tem uma depressão bastante recorrente.

É importante mencionar que quem sofreu um episódio de depressão tem 50% de chance de, em algum momento de sua vida, ter um segundo episódio; quem já sofreu dois episódios tem 70% de chance ter um terceiro, e quem já apresentou três episódios, uma chance de 90% de ter um quarto. Há um momento, provavelmente após três episódios, sobretudo se a recaída for após alguns meses, que deve ser pensado o uso do antidepressivo não como um tratamento da depressão, mas como um preventivo de novos episódios.

3. Como é feito o tratamento do transtorno de humor bipolar?

Há três aspectos a serem considerados no tratamento do transtorno de humor bipolar: o tratamento da mania ou hipomania, o tratamento da depressão bipolar e a profilaxia do transtorno de humor bipolar, ou seja, uma vez o paciente bem, como fazemos para impedir que a doença volte.

O que é importante para o tratamento da mania ou da hipomania

No tratamento da mania, além da eficácia, é importante a rapidez com que o medicamento age. A mania, em função da energia, iniciativa, impulsividade, otimismo irreal, desinibição, reações emocionais desproporcionais, incapacidade de calcular riscos, é uma situação de grande risco econômico, moral e físico. Muitas vezes a pessoa deve ser hospitalizada no intuito de protegê-la. A hospitalização não é uma punição, ao contrário, um privilégio a que, infelizmente, muitos não têm acesso. Quando a família não consegue impedir que o paciente tome atitudes que são perigosas para si e para os outros, a hospitalização pode salvar emprego, patrimônio, casamento, imagem pessoal e às vezes a vida do paciente. Pacientes maníacos são, por definição, totalmente imprudentes e convictos. Na hipomania, a intensidade dos sintomas é menor, mesmo assim os danos causados pelas atitudes que o paciente possa tomar podem ser irreversíveis. Por isto o tratamento ideal é aquele que tem efeito o mais rápido possível.

Dessa forma, apesar de medicamentos como lítio, carbamazepina, ácido valproico e divalproato serem eficazes, o tempo necessário para que o efeito apareça é um pouco maior e isso dificulta o uso no episódio de mania.

Pacientes com mania e hipomania têm menos necessidade de sono, e a privação de sono aumenta a mania e a hipomania. Esse círculo vicioso deve ser interrompido, é fundamental que o paciente durma bem, pelo número de horas adequado e na hora certa. Assim sendo, se o medicamento escolhido não tiver um efeito direto no sono, um segundo medicamento deve ser usado com esse intuito.

Por fim, para tentar diminuir o risco de atitudes que possam provocar arrependimento e controlar a agitação do paciente, medicamentos que sejam sedativos em geral são úteis durante a mania.

O que é importante para o tratamento da depressão bipolar

No tratamento da depressão bipolar, além da eficácia, dois aspectos são muito importantes. O primeiro, que já foi mencionado várias vezes, é o reconhecimento de que essa depressão é parte do transtorno de humor bipolar e não se trata de uma depressão unipolar. Esse reconhecimento vai levar ao tratamento adequado, que envolve o uso de um estabilizador de humor. Quando é usado somente um antidepressivo nesses pacientes, o mais frequente é que o humor passe a ficar instável, com recaídas depressivas e a ocorrência de depressão com estado misto (depressão com alguns sintomas característicos de hipomania), que muitas vezes vai se confundir com depressão acompanhada de ansiedade.

O segundo aspecto é qual o medicamento deve ser usado no tratamento de depressão bipolar. E aqui há muita controvérsia. Muitos psiquiatras preferem tratar usando somente estabilizadores de humor, o que pode ser eficaz com alguns pacientes, mas provavelmente não é com a maioria deles. Nesse caso, antidepressivos podem ser necessários. Entretanto devem ser observadas regras para esse uso. A primeira é que **o estabilizador de humor deve ser usado concomitantemente com o antidepressivo.** O objetivo o próprio nome diz, estabilizar o humor, impedindo que o antidepressivo provoque "viradas" maníacas (episódios de mania ou hipomania) ou sintomas mistos durante a depressão. Muitos pacientes com depressão bipolar que fazem uso somente do antidepressivo melhoram, mas recaem em pouco tempo. E assim vão tendo um episódio depressivo após o outro. E em geral essas depressões vão mudando de característica, se tornando "ansiosas". Na verdade, geralmente os sintomas mistos (por exemplo agitação, impulsividade, irritação) é que são confundidos com ansiedade. Vale a pena ressaltar novamente, esse quadro pode ser provocado pelo uso do antidepressivo sem estabilizador de humor.

Se antidepressivos forem usados, deve-se preferir inibidores seletivos da recaptura de serotonina (fluoxetina e companhia), porque são os que oferecem menos risco de provocar desestabilização do humor. Aqueles que aumentam a neurotransmissão noradrenérgica, como os duais ou os tricíclicos, oferecem mais risco.

Há ainda medicamentos que são especificamente usados para a depressão bipolar, como a lamotrigina e a lurasidona. Apesar da ideia bastante aceita de que também possuem efeito estabilizador de humor, na verdade eles podem eventualmente desestabilizar o humor, dependendo da dose.

Como regra geral, se só o estabilizador de humor puder ser usado, excelente. Caso seja necessário o antidepressivo, os preferidos devem ser aqueles com a menor chance de provocar viradas no humor ou estado misto, e sempre devem ser usados concomitantemente com estabilizadores de humor. Medicamentos como lamotrigina e lurasidona, que são indicados na depressão bipolar, podem eventualmente desestabilizar o humor, como os antidepressivos.

O que é importante para a profilaxia do transtorno de humor bipolar

Eficácia e poucos efeitos colaterais, já que a princípio esse é um tratamento para sempre. O transtorno de humor bipolar é uma doença altamente recorrente e sem a profilaxia a tendência é de que novos episódios de depressão e de hipomania ou mania ocorram. Mesmo que alguém faça a profilaxia por muitos anos, quando esta é interrompida a tendência é a volta do transtorno. Estamos falando de probabilidades, ou seja, pode ser que alguém apresente somente um ou dois episódios na sua vida, e aí a profilaxia será um exagero. Mas a tendência é de que mais episódios de humor ocorram sem ela.

Há três principais tipos de medicamentos na profilaxia do transtorno de humor bipolar. O lítio, os anticonvulsivantes (por exemplo, carbamazepina, ácido valproico e divalproato) e os antipsicóticos atípicos (por exemplo, a quetiapina, a olanzapina etc.). Dependendo dos aspectos clínicos do paciente, o seu efeito não é o mesmo. Por exemplo, quando os episódios de depressão ou de mania/hipomania têm característica mistas, o lítio é geralmente menos eficaz que os anticonvulsivantes. Quanto maior o número de episódios que já tenham ocorrido, geralmente os anticonvulsivantes são mais eficazes e o lítio menos.

4. Os medicamentos antidepressivos

Existem vários tipos de medicamentos que podem ser usados para tratar a depressão. Esses medicamentos podem ser agrupados em classes que têm em comum o seu mecanismo de ação. Neste texto, os medicamentos serão referidos pelo seu nome científico; quando for mencionado o nome comercial, será somente do medicamento original. Por exemplo, fluoxetina é o nome científico, Prozac foi o nome que o laboratório que lançou a fluoxetina usou comercialmente. Quando expirou a patente, surgiram outros laboratórios oferecendo fluoxetina, com outros nomes. Aqui vamos usar só o nome fluoxetina, o que não implica que todas as fluoxetinas fabricadas, a original, as cópias e os genéricos, tenham a mesma qualidade. Deixando bem claro, há diferenças de qualidade entre as diferentes opções.

O nome que se dá aos medicamentos que são eficazes na depressão é antidepressivo. Mas isso não significa que não sejam eficazes em outros problemas psiquiátricos e mesmo em doenças de outras especialidades médicas. Por exemplo, vários antidepressivos são eficazes nos transtornos de ansiedade e no transtorno obsessivo-compulsivo. Alguns são eficazes na TPM, na enxaqueca e na dor.

Agora vamos examinar os diferentes medicamentos. Uma forma de apresentá-los é pela ordem em que foram desenvolvidos e lançados comercialmente, mas vou preferir uma outra sistemática, do mais ao menos prescrito.

Os inibidores seletivos da recaptura de serotonina (ISRS)
A popularização do uso de antidepressivos

No Brasil, o primeiro ISRS lançado foi a fluoxetina (Prozac) em 1988. Esse lançamento representou uma revolução no tratamento da depressão. A maioria dos medicamentos disponíveis anteriormente (os antidepressivos tricíclicos) eram complicados de serem usados. Por exemplo, com os antidepressivos tricíclicos havia a necessidade de se fazer um eletrocardiograma antes de iniciar o medicamento, a dose terapêutica tinha que ser introduzida lentamente, havia muitos efeitos colaterais e, em caso de intoxicação (por exemplo, em uma tentativa de suicídio), havia risco de morte. O número de pacientes que aceitava tomar esses medicamentos era restrito, e o número de psiquiatras que os receitava também.

Com o lançamento da fluoxetina, esse cenário mudou. Não havia necessidade de exames prévios, a dose inicial já era a dose terapêutica (um comprimido ao dia era eficaz), poucos efeitos colaterais em relação aos medicamentos anteriormente disponíveis, eram eficazes na ansiedade e razoavelmente seguros em intoxicações.

Esse padrão de segurança e conforto, tanto para o paciente quanto para o médico, possibilitou um rápido sucesso comercial do medicamento. O número de pessoas que passaram a usar antidepressivos aumentou exponencialmente, o número de médicos que passaram a prescrever também. Não só psiquiatras, cardiologistas prescreviam para pacientes ansiosos, clínicos e neurologistas para pacientes com depressão ou ansiedade, ginecologistas, endocrinologistas etc.

Nos anos seguintes, outros ISRS foram lançados, a paroxetina, a sertralina, o citalopram, o escitalopram e a fluvoxamina. Esses medicamentos não eram mais eficazes do que os disponíveis anteriormente (os antidepressivos tricíclicos), ao contrário, eram menos eficazes. Entretanto possibilitaram a popularização do uso dos antidepressivos, pela facilidade, conforto e segurança. Mas essa popularização teve um preço. Muitas pessoas que usaram esses medicamentos para depressão ou ansiedade, na verdade tinham um transtorno de humor bipolar em que a mania ou a hipomania nunca haviam se manifestado. Entretanto, ao usarem o antidepressivo, passaram a manifestar oscilações do humor (provocadas pelo antidepressivo), de uma forma pura (com mania ou hipomania, além da depressão) ou muito frequentemente com quadros mistos (mania ou hipomania acompanhadas de alguns sintomas de depressão ou depressão acompanhada de alguns sintomas maníacos ou hipomaníacos). Os estados mistos são mais difíceis de serem diagnosticados, frequentemente sendo confundidos com uma depressão ansiosa. A confusão estava feita. Já pode ser difícil esta distinção (entre depressão unipolar ou bipolar) ser feita por um psiquiatra treinado para isso, para um médico de outra especialidade pode ser impossível. Dessa forma, com o tempo, surgiu uma quantidade de pacientes cujo transtorno de humor bipolar foi agravado pelo uso de antidepressivos.

Qual o mecanismo de ação dos inibidores seletivos da recaptura de serotonina?

No Brasil existem seis ISRS: a fluoxetina (Prozac), a paroxetina (Aropax), a sertralina (Zoloft), o citalopram (Cipramil), o escitalopram (Lexapro) e a fluvoxamina (Luvox). Em comum, como a própria sigla diz, eles inibem a recaptura de serotonina. O que quer dizer isso?

Como já foi explicado anteriormente, os neurônios são células diferentes, especializadas no armazenamento, modulação e transmissão de informações. Para exercerem sua função, se comunicam com outros neurônios, formam circuitos. Eles possuem um corpo central e longos prolongamentos, como se fossem fios. Os prolongamentos que recebem informações chamamos de dendritos, os que transmitem a informação (normalmente mais longos) chamamos de axônios. O final do axônio de um neurônio deve se comunicar com o dendrito do neurônio seguinte, conforme mostra a Figura 8 do caderno de ilustrações. O sinal percorre os axônios como um sinal elétrico, mas ele não pula de um axônio a um dendrito do neurônio seguinte. Quando chega no fim do axônio, esse sinal estimula a liberação de neurotransmissores no espaço que existe entre o axônio de um neurônio e o dendrito do neurônio seguinte. A esse espaço chamamos de sinapse. Uma vez liberado, o neurotransmissor vai se ligar e ativar receptores do neurônio seguinte (ver Figura 9).

A ação do neurotransmissor cessa quando ele volta para o neurônio que o liberou. Essa recaptura do neurotransmissor é feita por um complexo proteico que chamamos de transportador, porque transporta o neurotransmissor de volta ao neurônio que o liberou.

Um dos neurotransmissores mais importantes para o tratamento da depressão é a serotonina. Para exercer seu efeito, a serotonina é liberada na sinapse e age nos receptores do neurônio seguinte. A magnitude desse efeito é determinada pela quantidade de receptores que são ocupados e o tempo dessa ocupação. Os ISRS (fluoxetina e sua turma) se ligam ao transportador de serotonina, dificultando a volta da serotonina para o neurônio que a liberou. Dessa forma o efeito da serotonina é maior e mais prolongado nos receptores pós-sinápticos (os receptores dos dendritos do neurônio seguinte). Ou seja, esses medicamentos aumentam o efeito da serotonina (ver Figura 15).

Qual o efeito clínico dos ISRS?

Eles podem tratar a depressão como um todo, mas são mais eficazes em alguns sintomas, como por exemplo a angústia, a culpa, a vontade de morrer e a irritação. Quando são eficazes, em geral a melhora se inicia por esses sintomas, e somente após ocorre a melhora de outros sintomas como a tristeza, a falta de prazer, de interesse e a falta de energia. Em outros pacientes, pode haver uma melhora da maior parte dos sintomas da depressão, mas não desses últimos sintomas citados (a falta de prazer e interesse e a apatia). Isto claro que é ruim e exige uma ação extra para se obter um resultado completo no tratamento. Duas a três semanas são necessárias para iniciar o efeito antidepressivo de uma forma mais perceptível. Portanto, nada de trocar o medicamento antes desse tempo por "ineficácia". E este é o tempo para iniciar o efeito, que é progressivamente mais perceptível nas semanas seguintes. Durante o período inicial, pode haver dias melhores e dias piores, mas em geral a cada três dias se percebe uma melhora. A melhora não ocorre durante todo o dia, e isso é assim para todos os tratamentos com antidepressivos. Em geral, a depressão é mais intensa pela manhã do que à noite, por isso geralmente a melhora ocorre primeiro no período da noite, após na tarde e por último na manhã. Então sempre, para verificar se está ocorrendo uma melhora, deve-se comparar noite com noite, tarde com tarde e manhã com manhã.

 Esses medicamentos serotonérgicos também são eficazes para tratar a **ansiedade**. Ou seja, apesar de serem chamados de antidepressivos, também são ansiolíticos. Há vários tipos de ansiedade, a **ansiedade generalizada**, quadro clínico crônico em que a pessoa tem uma expectativa apreensiva em relação a quase tudo, o **transtorno de pânico**, em que ocorrem crises de ansiedade muito intensas e razoavelmente breves em duração, acompanhadas de sintomas físicos como taquicardia, falta de ar, tremor etc., a **fobia social**, em que ocorre ansiedade quando a pessoa é alvo da atenção ou julgamento de outras pessoas, as **fobias simples**, em que a pessoa tem medo ou de lugares fechados, ou de altura, ou de aranhas etc., e o **transtorno de estresse pós-traumático**, em que, após ter vivido uma situação muito traumática, um quadro complexo de lembranças, de evitação e outros sintomas se desenvolve. Em todos esses quadros os antidepressivos serotonérgicos podem ser eficazes. Mas a potência em tratar esses quadros ansiosos não é a mesma entre os ISRS, provavelmente a paroxetina é mais eficaz do que os outros.

Pode ser que uma pessoa não apresente nenhum desses transtornos de ansiedade, mas tenha uma depressão com ansiedade, em que a ansiedade é apenas um dos sintomas da depressão. Nessa situação, normalmente estes medicamentos são eficazes.

Aumentar a serotonina em geral é eficaz para tratar o **transtorno obsessivo compulsivo**, mas nesse caso as doses normalmente são bem mais altas. Por exemplo: na depressão, a dose de fluoxetina é de 20 mg por dia, e no transtorno obsessivo compulsivo, de 60 a 80 mg por dia. O efeito terapêutico pode demorar para ocorrer, levando até três meses!

Aumentar a serotonina em geral diminui a **impulsividade** e a **irritação**. Algumas pessoas usam esses medicamentos com essa finalidade. Entretanto, eles são eficazes somente em casos moderados e quando essa impulsividade ou irritabilidade não faz parte de um transtorno de humor bipolar. Normalmente este efeito é observado muito rapidamente, às vezes em uma semana de tratamento.

Quais os efeitos colaterais do ISRS?

Vários efeitos colaterais são relacionados ao uso desses medicamentos. Inicialmente, náusea, irritação gástrica, sensação de estar um pouco aéreo e bocejos, que quando ocorrem (não são todos os pacientes que se queixam) é somente no início do uso. Raramente esses efeitos persistem. A diminuição da libido e o retardo na obtenção ou mesmo inibição do orgasmo podem ser mais duradouros e mesmo persistir durante todo o uso do medicamento. Após uma semana de tratamento, frequentemente as pessoas passam a se lembrar mais de seus sonhos ou têm a impressão de sonharem mais. Outro efeito ligado ao aumento da neurotransmissão serotonérgica é o aumento do suor, que ocorre com menos frequência, mas pode ser bem desagradável. Mais rara é a possibilidade de diminuição de sódio no sangue, e quando isto ocorre, muitas vezes é necessário a parada do medicamento.

Um efeito dos medicamentos serotonérgicos, que em algumas pessoas pode ser percebido como bom e em outras como ruim, é o embotamento emocional (Price et al., 2009). A pessoa passa a sentir as emoções, tanto as negativas quanto as positivas, com menor intensidade, e isso gera uma certa indiferença. Quando a depressão está provocando muita angústia, ansiedade, culpa, esse efeito colateral pode ser inicialmente bem-vindo porque há uma diminuição do sofrimento. Entretanto, quando predominam os sintomas de falta de prazer ou de interesse, de apatia, esse efeito colateral é indesejado. Emoções positivas, como o prazer, a alegria, podem estar achatadas, diminuídas. Em geral, a forma como as pessoas notam esse sintoma é a dificuldade de chorar em situações em que é normal ter essa reação. Este é um efeito ligado ao aumento da neurotransmissão serotonérgica e nem todos os antidepressivos apresentam este efeito colateral, somente os que aumentam a serotonina. Há como contornar esse efeito indesejável sem retirar o antidepressivo, isto é feito acrescentando-se um outro medicamento, que vai aumentar a intensidade das emoções.

Há outros efeitos colaterais que os ISRS apresentam que não dependem da serotonina. Um exemplo são os anticolinérgicos, que ocorrem sobretudo com a paroxetina (boca seca, prisão de ventre, dificuldade de urinar e eventualmente a visão borrada e pupilas dilatadas). Ganho de peso (em geral moderado) pode ocorrer ou não. É importante ressaltar que aquela ideia popular de que esses antidepressivos diminuem o apetite não é verdadeira. Quando isso ocorre, é somente no início do tratamento.

A parada abrupta dos antidepressivos serotonérgicos

Os ISRS aumentam a quantidade de serotonina na fenda sináptica, e essa serotonina vai agir nos receptores pós-sinápticos. Esses receptores, ao receberem mais serotonina, vão ter sua sensibilidade diminuída. É um mecanismo compensatório, que ocorre a partir da segunda semana de uso do medicamento.

Quando há uma parada abrupta no uso do medicamento, há uma queda sensível na neurotransmissão serotonérgica causada pela diminuição da serotonina na sinapse somada à sensibilidade dos receptores, que está diminuída. Isso provoca o que chamamos de sintomas de retirada, que podem se iniciar após dois dias sem medicamento e que duram até que a sensibilidade normal desses receptores seja restabelecida, ou seja, alguns dias. Esses sintomas são sonhos muito vívidos, tontura, arrepios, labilidade emocional (sentimentos à flor da pele, irritação, ansiedade, explosões), sensação geral de mal-estar.

Para evitar esses sintomas, esses medicamentos devem ser parados lentamente. O ideal é que, após usar por muitos meses ou anos, a diminuição progressiva da dose seja feita em um período de pelo menos dois meses.

Antidepressivos duais

No Brasil estão disponíveis no mercado três antidepressivos duais, a venlafaxina (Efexor), a duloxetina (Cymbalta) e a desvenlafaxina (Pristiq).

A palavra *dual* é originária do latim e significa dois. Os antidepressivos duais são aqueles que inibem a recaptura (aumentando a neurotransmissão) não somente da serotonina, mas também da noradrenalina. Portanto agem em dois neurotransmissores. Na verdade, em baixas doses eles agem mais na serotonina, em doses médias ou altas em serotonina e noradrenalina. Por exemplo, para ser verdadeiramente dual, a venlafaxina deve ser usada na dose de pelo menos 225 mg por dia; nas doses de 75 ou 150 mg há um certo efeito na noradrenalina, embora pequeno (ver Figura 16).

A princípio, no tratamento da depressão, os antidepressivos duais são mais eficazes do que os ISRS, mas não necessariamente. Por exemplo, um paciente com depressão acompanhada de muita ansiedade pode responder melhor à paroxetina (que é um inibidor seletivo da recaptura de serotonina) do que à desvenlafaxina. Nesse caso, a paroxetina é muito eficaz contra sintomas de ansiedade, e a desvenlafaxina, por ser mais noradrenérgica do que serotonérgica, é um pouco menos eficaz na ansiedade.

Efeitos benéficos dos antidepressivos duais

Por agirem em dois neurotransmissores, são mais potentes no tratamento da depressão do que os ISRS. A ação na noradrenalina agrega um efeito maior na tristeza, na falta de prazer ou interesse, na lentidão e falta de energia. Mas também pode diminuir, pelo menos no início do tratamento, a eficácia na ansiedade. A duloxetina também é usada para o tratamento da dor crônica.

Por serem mais eficazes e agirem na noradrenalina, os antidepressivos duais podem causar quadros de estado misto, mania ou hipomania mais intensos do que aqueles causados pelo uso dos ISRS, caso sejam prescritos em um paciente que foi erroneamente diagnosticado com depressão unipolar, mas que na verdade sofre de depressão bipolar.

Efeitos colaterais dos antidepressivos duais
  Como aumentam a neurotransmissão serotonérgica, têm os mesmos efeitos colaterais que os ISRS, ou seja, diminuição da libido, retardo na obtenção do orgasmo ou mesmo anorgasmia, náusea no início do tratamento, aumento do suor, dos sonhos, possibilidade de diminuição do sódio no sangue, leve aumento no apetite e, quando são retirados abruptamente, provocam aqueles sintomas de retirada que já foram descritos anteriormente, ou seja, sonhos muito vívidos, tontura, labilidade emocional (sentimentos à flor da pele, irritação, ansiedade, explosões), sensação geral de mal-estar.
  Mas eles também aumentam a neurotransmissão noradrenérgica e por isso podem, no início do tratamento, aumentar a ansiedade e a irritação. Eventualmente promovem *jitteriness*, que é um termo em inglês que designa a sensação de trepidação interna, ou seja, um quadro de intensa ansiedade que, quando ocorre, é somente no início do tratamento. O efeito do aumento da noradrenalina também pode provocar aumento da pressão arterial.

Antidepressivos tricíclicos
  Foram os primeiros antidepressivos, junto com os inibidores da monoaminoxidase. O primeiro deles, a imipramina, foi lançado comercialmente em 1957. Depois dele surgiram vários, no Brasil temos atualmente imipramina (Tofranil), clomipramina (Anafranil), amitriptilina (o original se chamava Tryptanol) e nortriptilina (Pamelor). O nome tricíclico vem do fato de terem três anéis de benzeno na sua estrutura química.
  A imipramina foi desenvolvida para ser um antipsicótico, um medicamento para esquizofrenia. Ela foi inicialmente testada por psiquiatras da Suíça, que não observaram nenhum efeito antipsicótico nela. Entretanto, um deles, Thomas Kuhn, percebeu esse efeito. Foi graças à perspicácia clínica desse médico que ela

foi, na sequência, testada como antidepressivo (isso já em Paris, na França). Por três décadas foram os medicamentos mais usados no tratamento da depressão, até que os ISRS os desbancaram dessa posição. São muito eficazes (após os IMAOs), mas provocam muitos efeitos colaterais, são perigosos em intoxicações, deve ser feito eletrocardiograma antes do seu uso e a dose deve ser aumentada progressivamente. Todos esses fatores diminuíram sua prescrição em favor dos ISRS e duais.

Como funcionam os antidepressivos tricíclicos?

Exatamente como os duais, inibindo a recaptura de serotonina e noradrenalina e com isso aumentando o efeito ligado a esses dois neurotransmissores. Mas eles não têm o mesmo efeito nesses dois neurotransmissores. A clomipramina é o mais serotonérgico, portanto o que mais funciona na ansiedade e angústia, e também é muito potente para tratar transtornos de ansiedade, como transtorno de ansiedade generalizada, do pânico, fobias, transtorno de estresse pós-traumático e transtorno obsessivo-compulsivo. O segundo mais serotonérgico é a amitriptilina, que é o que mais provoca sono e aumento do apetite. Por outro lado, a amitriptilina é eficaz no tratamento da dor crônica e da enxaqueca. A imipramina já tem um efeito noradrenérgico um pouco mais pronunciado do que o serotonérgico, portanto é menos eficaz na ansiedade, e a nortriptilina é noradrenérgica sem ter efeito na serotonina, ou seja, não funciona na ansiedade, podendo até agravá-la, mas tem menos efeitos colaterais e não provoca o achatamento emocional que o aumento da serotonina acarreta, como já foi explicado anteriormente.

Efeitos colaterais dos antidepressivos tricíclicos

Um dos problemas do uso desses medicamentos é que provocam muitos efeitos colaterais. Os mais pronunciados são os anticolinérgicos, como boca seca, constipação (prisão de ventre), visão borrada, dificuldade de focar a visão, pupilas dilatadas, dificuldade de urinar. Além disso, é comum o aumento da frequência cardíaca, e eles não devem ser usados em pacientes que tenham uma alteração na condução do estímulo elétrico no coração chamada de bloqueio de ramo esquerdo. Por isso, para usá-los é necessário um eletrocardiograma, que é o exame que detecta essa alteração.

Outros efeitos colaterais frequentes são a diminuição da vontade sexual, retardo do orgasmo ou mesmo anorgasmia (quando não ocorre o orgasmo) e, em homens, diminuição da ereção. Aumento do apetite e do peso também são frequentes, assim como um leve tremor rápido nas mãos. Outros efeitos serotonérgicos podem ocorrer (com exceção da nortriptilina que não tem efeito na serotonina), como sonhos mais frequentes, suor e, no caso de parada abrupta, sintomas de retirada. A amitriptilina e a clomipramina podem provocar bastante sono.

Além destes efeitos colaterais, são perigosos em intoxicação, podendo causar arritmias cardíacas, convulsões, retenção urinária, confusão mental, coma e risco de vida. Por esses motivos, o uso desses medicamentos hoje não é tão frequente, apesar de toda a sua eficácia.

Bupropiona
A bupropiona (Wellbutrin) é um antidepressivo cujo mecanismo de ação é a inibição da recaptura (e, portanto, o aumento da neurotransmissão) da dopamina e, com menor potência, da noradrenalina. Ela também se liga a receptores de nicotina. Dessa forma, é um medicamento muito diferente dos ISRS, não tem nem os efeitos benéficos nem os colaterais desses medicamentos. Por exemplo, não diminui a libido, na verdade até pode aumentar a libido de mulheres. Não retarda o orgasmo, não

aumenta o apetite ou pode até diminuir um pouco, não provoca achatamento das emoções, pode até intensificá-las. Aumenta o prazer, o interesse, a iniciativa e a energia.

Por outro lado, se não tem os problemas do aumento da serotonina, também não tem as vantagens. Não é eficaz contra a ansiedade, pode até intensificá-la, idem com a angústia. Em pessoas irritadas, pode aumentar essa irritação e também as ruminações (pensamentos repetitivos). Além disso, não é considerado um antidepressivo muito potente e não deve ser usado para tratar depressões intensas. Há pacientes que melhoram com esse medicamento, em geral ele pode ser muito útil em depressões leves a moderadas, em que a ansiedade e a angústia não estejam presentes, em pacientes apáticos, mas não irritados, em depressões com falta de prazer, interesse e iniciativa e que se queixem de cansaço. A bupropiona pode ser usada também em pacientes que ficam com embotamento emocional quando usam inibidores seletivos da recaptura de serotonina.

Como aumenta a dopamina e bloqueia um receptor de nicotina, a bupropiona foi usada com sucesso para diminuir a vontade de fumar. Um cuidado que se deve ter com ela é nunca ultrapassar a dose de 300 mg por dia pela possibilidade de ocorrerem crises convulsivas. Ela também, muito raramente, pode provocar alergias graves.

A bupropiona (assim como a paroxetina e a fluoxetina) pode interagir com os medicamentos metabolizados pelo citocromo 2D6. O citocromo 2D6 é uma enzima que metaboliza alguns medicamentos. Ela inibe potentemente esse citocromo e, com isso, aumenta a concentração de fármacos que são preferencialmente inativados por essa enzima, como o metoprolol (usado para tratar a pressão alta). Além disso, esse citocromo é o responsável por metabolizar o tamoxifeno (molécula inativa) em endoxifeno (molécula ativa), usado na prevenção de certos tipos de cânceres de mama; portanto, a inibição de 2D6 poderia diminuir a formação do fármaco ativo e com isso diminuir a eficácia nessa profilaxia.

Vortioxetina

A vortioxetina (Brintellix) é um antidepressivo desenvolvido para ser eficaz nos sintomas cognitivos da depressão. Não estou falando aqui do viés emocional negativo, que já foi explicado anteriormente na página 60. Por exemplo, no viés emocional negativo, um dos sintomas é a maior capacidade do paciente de lembrar-se dos fatos negativos que ocorreram do que dos positivos. Ou seja, é uma tendência da memória e não significa que a pessoa está com um problema propriamente dito de memória. Já no sintoma cognitivo puro, há uma dificuldade de memória, de atenção e de raciocínio. Essas dificuldades são sintomas típicos da depressão, frequentemente os primeiros a surgirem e os últimos a melhorarem. Este medicamento é especialmente eficaz nesses sintomas.

O mecanismo de ação deste medicamento é bastante complexo e não vale a pena detalhá-lo. Ele não aumenta a neurotransmissão serotonérgica de forma significativa, portanto não provoca embotamento emocional nem sintomas de retirada. É um antidepressivo eficaz sobretudo na falta de prazer ou interesse, na tristeza, na lentidão, no pessimismo etc. No início pode até piorar um pouco a ansiedade e a irritação, mas com o tratamento, mesmo esses sintomas podem melhorar (sobretudo a ansiedade). Tem a vantagem de ter poucos sintomas colaterais sexuais e em geral não promove ganho de peso, mas pode provocar insônia, enjoo e eventualmente coceira.

Mirtazapina

A mirtazapina (Remeron) é um antidepressivo que tem a vantagem de melhorar muito o sono e não provoca sintomas sexuais, como diminuição da libido ou retardo/inibição do orgasmo. As doses usadas na depressão são de 30 a 60 mg por dia. O efeito de melhora do sono já ocorre com 15 mg, e em muitos pacientes com 7,5 mg; doses mais altas (45 ou 60 mg) tem um efeito menor no sono. Eventualmente, pode provocar, no início do tratamento, sonolência durante o dia. A desvantagem deste medicamento é que pode aumentar o apetite consideravelmente (não em todos os pacientes, mas na maioria) e por isso muitos ganham peso. A mirtazapina é eficaz na depressão e tem um certo efeito contra a ansiedade. Em função de seu mecanismo de ação único, ela frequentemente é usada para aumentar o efeito de outros antidepressivos, como os inibidores seletivos da recaptura da serotonina, duais e tricíclicos, em pacientes que não estão respondendo ao tratamento.

Agomelatina

A história da criação deste antidepressivo é bastante interessante. Nas décadas de 70 e 80, houve uma grande procura por marcadores biológicos de depressão. Traduzindo: um exame que pudesse fazer o diagnóstico de depressão. Uma das pesquisas foi o padrão de secreção da melatonina, que é um hormônio produzido pela glândula pineal. A melatonina tem um ciclo, com secreção noturna e baixos níveis durante o dia. Durante a depressão, há uma alteração desses níveis, com menores quantidades sendo secretadas à noite.

Como exame para fazer o diagnóstico de depressão, essas dosagens não são úteis (nenhum teste pesquisado até 2022 é apropriado para uso na clínica). Mas talvez se fosse administrada melatonina à noite, regularizando o seu ciclo, ela pudesse ter um efeito antidepressivo. Foi testado naquela época e... não funcionou.

Entretanto, surgiu a ideia de criar algo que fizesse o papel da melatonina, mas que fosse muito mais potente do que ela. E foi acrescentado um segundo efeito a essa molécula, o antagonismo de receptores 5-HT_{2C}. Antagonismo significa bloquear o receptor 5-HT, quer dizer, a serotonina, ou seja, além de ativar receptores de melatonina, bloqueia receptores de serotonina do tipo 2_C. Assim surge este medicamento, a agomelatina (Valdoxan) (Bodinat et al., 2010).

A agomelatina é um antidepressivo que aumenta a intensidade das emoções, que é eficaz contra a falta de prazer, a falta de interesse, a tristeza, a apatia. Inicialmente ela pode aumentar a ansiedade e a irritação e piorar o sono, seu uso por duas a três semanas normalmente produz uma melhora na ansiedade e no sono.

Outro aspecto benéfico no uso da agomelatina é que geralmente nem altera a libido ou tem qualquer outro efeito sexual, nem produz aumento no apetite. Mas deve-se fazer um exame de sangue para verificar se alterou a função hepática (é raro, mas mais comum do que entre a maioria dos antidepressivos).

Trazodona

A trazodona (Donaren e Inseris) é um antidepressivo, embora em doses menores seja mais usada como um medicamento para insônia. Mas esse efeito mais intenso no sono só ocorre nos comprimidos que não são de liberação lenta. Tem a vantagem de não ter ou ter muito pouco efeito colateral de ordem sexual e pode ser eficaz na ansiedade.

Vilazodona

A vilazodona (Aymee) é um antidepressivo que agrega efeitos semelhantes aos ISRS, entretanto sem acarretar ganho de peso e com pouca possibilidade de provocar efeitos colaterais de ordem sexual. A vilazodona é um inibidor da recaptura de serotonina que possui um segundo mecanismo da ação que funciona como um antídoto aos efeitos do aumento da neurotransmissão serotonérgica no peso e na função sexual.

Ela é eficaz no tratamento da depressão, sobretudo aquela que é acompanhada de sintomas de ansiedade, também pode ser usada no transtorno de ansiedade generalizada.

IMAO

Os inibidores da monoaminoxidase (é isso que quer dizer a sigla IMAO) foram, junto com os antidepressivos tricíclicos, os primeiros antidepressivos lançados. São medicamentos muito potentes, eficazes, mas muito perigosos. A MAO é a principal enzima que metaboliza a serotonina, dopamina e noradrenalina. A metabolização transforma esses neurotransmissores em outras moléculas que são inativas. Os IMAOs impedem esse metabolismo, mantendo uma quantidade elevada desses neurotransmissores. Os IMAOs são considerados os antidepressivos mais potentes. No Brasil só temos um disponível, a tranilcipromina (Parnate) (ver Figura 17).

Qual o problema, por que estes medicamentos são raramente utilizados? Essa ligação com a MAO se faz indistintamente, seja com a MAO A (metaboliza serotonina e noradrenalina) ou com a B (metaboliza dopamina), e de forma irreversível. Ou seja, mesmo que haja um excesso desses neurotransmissores, eles não conseguem romper a ligação entre o IMAO e a MAO. Independente do excesso, o metabolismo do neurotransmissor pela MAO vai ser impedido pelo medicamento. Dessa forma, quando esses medicamentos acidentalmente são associados a outros que aumentem a serotonina na sinapse, como antidepressivos ISRS, duais, tricíclicos ou medicamentos opioides, pode ocorrer o que chamamos de síndrome serotonérgica (uma síndrome que ocorre por excesso de neurotransmissão serotonérgica), que com frequência é fatal. Mas não é só isso. Vários alimentos, como queijos, embutidos (salame, copa, linguiça), defumados, carnes em conserva (patê, sardinha...), carnes envelhecidas (charque, bacalhau...), fígado, ovas de peixe e carne de caça, vinho tinto, entre outros, não podem ser consumidos. Esses alimentos contêm um derivado aminoácido chamado tiramina, que é metabolizado pela MAO. Se não for metabolizado, ele entra nos neurônios pelo transportador da noradrenalina e da dopamina, fazendo que esses neurotransmissores sejam liberados em grande excesso, o que pode causar grande aumento da pressão arterial, podendo provocar infarto agudo do miocárdio ou acidente vascular cerebral. Ou seja, pode colocar em risco a vida da pessoa. Não é só a tiramina que provoca isso, medicamentos simpaticomiméticos associados aos IMAOs podem provocar esse aumento da pressão arterial. Um exemplo são os medicamentos descongestionantes que não são feitos à base de corticoides.

Portanto, os IMAOs são medicamentos potencialmente perigosos que requerem cuidados no seu uso. Estes cuidados, que incluem uma dieta cuidadosa e proibição da associação com certos medicamentos, faz com que essa classe de antidepressivos seja pouco usada. E isso apesar de serem os mais eficazes.

5. Tratamento da depressão refratária

O que é depressão refratária? É a depressão que não melhora com o uso de pelo menos dois tipos de antidepressivos, usados pelo tempo necessário e na dose certa. A primeira medida a ser tomada na depressão refratária é verificar se o diagnóstico está correto. Com muita frequência, depressões bipolares se confundem com a depressão unipolar refratária. O tratamento da depressão bipolar é diferente, exige o uso de estabilizador de humor. Quando só antidepressivos são usados na depressão bipolar, o mais provável é que a pessoa não melhore.

O que pode ser feito quando um antidepressivo não funciona, não é eficaz contra a depressão? Alguns medicamentos têm um maior efeito quando a dose é aumentada, embora com a maioria não ocorra isso. Um exemplo é a venlafaxina, cuja dose de 225 mg por dia tem um efeito muito maior do que 150 mg por dia. Outro exemplo é a vortioxetina, em que 20 mg por dia é bem mais eficaz do que 10 mg por dia. Nesse caso, a dose do medicamento deve ser aumentada.

Como na maioria dos antidepressivos o aumento da dose não repercute muito, ou até mesmo não tem consequência na eficácia, outras estratégias são necessárias. Uma possibilidade é a troca do medicamento. Essa estratégia é bem interessante quando o antidepressivo que está sendo usado é menos potente do que o que vai substituí-lo. Mas trocar o medicamento significa iniciar um novo tratamento, que pode ter um período de adaptação. Essa adaptação não é só pela entrada de um novo fármaco, é também pela retirada do que estava sendo usado anteriormente.

Uma terceira opção é acrescentar um medicamento que aumente a potência do antidepressivo que está sendo usado. Vários medicamentos, por motivos diferentes, fazem isso. Um exemplo é uma pessoa que está usando fluoxetina a qual se acrescenta a nortriptilina, ou vice-versa. Um antidepressivo (fluoxetina) aumenta a neurotransmissão ligada à serotonina e o outro (nortriptilina) a ligada à noradrenalina. Esse é só um entre muitos exemplos. Podemos associar diferentes antidepressivos, podemos acrescentar ao antidepressivo certos antipsicóticos e até hormônios como a tri-iodotironina (hormônio da tireoide).

Nos últimos anos, um número crescente de antipsicóticos tem sido usados com esse intuito, então vale a pena saber um pouco sobre eles (página 130). Outros dois tratamentos usados em casos refratários são a cetamina (próximo item a ser analisado) e a eletroconvulsoterapia (página 134).

Cetamina

Dois importantes problemas ligados ao tratamento antidepressivo são o paciente com risco de suicídio (considerando o tempo que levam esses medicamentos para melhorarem a depressão) e o número de pacientes que não melhoram com o tratamento. Pelo menos 30% das depressões são resistentes a um ou mais antidepressivos (Rush et al., 2016). Para esses pacientes, várias estratégias de tratamento foram desenvolvidas, entre elas a cetamina, cujas principais vantagens são a eficácia e a rapidez de ação. Ela pode agir em horas em alguns pacientes, em outros vai exigir alguns dias. Mas há dificuldades na sua administração.

A cetamina é um anestésico em doses bem maiores do que aquelas em que exerce o efeito antidepressivo. Ela também é medicamento com potencial para ser usado abusivamente, como "droga", e por isso não pode ser vendida em farmácias. Ela deve sempre ser administrada em hospitais ou clínicas que tenham a autorização, o que encarece o tratamento. Há duas formas bem estabelecidas de administração de cetamina, a injetável endovenosa (na veia) e a intranasal (jato dentro do nariz). Frequentemente ocorrem fenômenos dissociativos durante a aplicação, experiências como "sair do corpo", mudança na percepção da realidade etc. A maioria dos pacientes depressivos melhoram um pouco ou muito algumas horas após a administração, mas esse efeito não perdura, a não ser que seja repetida a administração da cetamina. Em geral são feitas pelo menos oito aplicações, com a frequência em geral de duas por semana inicialmente. E mais um detalhe, ela não substitui o uso de antidepressivos, que devem ser mantidos durante e após o tratamento com cetamina.

Apesar de todas essas dificuldades, a cetamina representou um grande avanço no tratamento da depressão. Considerando pacientes depressivos com risco de cometerem suicídio, em um momento em que o número de leitos psiquiátricos é limitado (o que torna difícil a hospitalização), a eficácia e rapidez de ação pode salvar vidas. Essa eficácia também pode ser decisiva em pacientes que não melhoraram com o uso de outros antidepressivos. Por fim, o mecanismo de ação da cetamina é diferente de qualquer outro antidepressivo disponível atualmente, ela age em um neurotransmissor chamado glutamato e a sua eficácia gerou interesse e pesquisas no papel desse neurotransmissor na depressão. Provavelmente podemos esperar desdobramentos dessas pesquisas tanto no entendimento da neurobiologia da depressão quanto no desenvolvimento de novos medicamentos.

6. Os medicamentos estabilizadores do humor

Alguns medicamentos possuem efeito na estabilização do humor. Esses fármacos são usados preventivamente para impedir que os episódios de mania, hipomania ou depressão ocorram. Mas não são igualmente eficazes nos dois polos, em geral são melhores para prevenir a mania ou a hipomania e um pouco menos eficazes quanto à prevenção da depressão.

Os estabilizadores devem ser usados quando há um diagnóstico de transtorno de humor bipolar. O objetivo é que a doença não se manifeste, mas às vezes o efeito obtido é que os episódios fiquem mais raros e menos intensos.

São medicamentos que devem ser usados cronicamente. Quando o tratamento tem sucesso, impedindo a manifestação da doença, meses ou anos de normalidade fazem com que muitos pacientes ou suas famílias achem que o tratamento não é mais necessário. Ao ser interrompido, em geral o transtorno de humor bipolar retorna, e pode retornar com intensidade. Desta forma, este tratamento profilático, na maior parte dos pacientes, deve ser feito continuamente.

Existem três principais classes de estabilizadores do humor. O lítio, alguns anticonvulsivantes e alguns antipsicóticos atípicos.

Lítio

A história do lítio remonta ao início da psicofarmacologia, no final da década de 40. O primeiro uso do lítio em pacientes psiquiátricos agitados foi na Austrália, entretanto sem a dosagem da concentração no sangue. Apesar da eficácia, em função da eventual intoxicação de algum paciente, essa experiência inicial não teve continuidade. Alguns anos depois, na Escandinávia, foi retomado o uso em pacientes com transtorno de humor bipolar, mas dessa vez realizando as dosagens de lítio no sangue.

Por que foi importante a questão da dosagem no sangue? Porque a dose terapêutica do lítio é próxima da dose tóxica. Então, para acertar a concentração no sangue que seja eficaz e segura ao mesmo tempo, necessitamos desse exame. O número de comprimidos não é um bom parâmetro. O lítio sai do corpo pelos rins. Se a excreção renal do lítio é o dobro em uma pessoa do que em outra, ela deve tomar o dobro da dose para manter a mesma concentração no sangue. O que importa para a eficácia e toxicidade é a concentração no sangue (que está em equilíbrio com a concentração no cérebro e nos outros órgãos).

Mais uma informação sobre dosagem do lítio no sangue. Este é um parâmetro para ajustar a dose. Todos temos um pouco de lítio no organismo, mas é tão pouco que nos exames o resultado é zero ou menor do que 0,1 mEq/l. Portanto, não há nenhum sentido em realizar esse exame antes de estar usando o lítio, o exame não serve para detectar quem precisa usar lítio.

Quando o lítio é eficaz?

O lítio é eficaz na profilaxia do transtorno de humor bipolar do tipo I (mania e depressão) e do tipo II (hipomania e depressão). Mas há uma diferença na eficácia segundo o tipo de transtorno de humor bipolar. Por exemplo, é mais frequente em quem não é ciclador rápido, ou seja, em quem tem no máximo três episódios de humor (mania, depressão ou os dois) por ano. Quanto maior o número de episódios por ano, menos eficaz será o lítio. Quanto mais típicos os episódios, melhor o efeito do lítio, quanto mais mistos, menor. Já vimos isso: mistos são aqueles episódios de depressão que têm sintomas de hipomania ou mania associados, e vice-versa.

O lítio também é eficaz no tratamento da mania, entretanto o seu efeito é um pouco demorado. Por isso, outros medicamentos que controlam mais rapidamente a mania (como os antipsicóticos) são preferidos, porque a mania é uma condição de muito risco para o paciente e a rapidez do efeito é crucial.

O lítio possui um efeito protetor contra o comportamento suicida. A retirada abrupta desse medicamento em pacientes que anteriormente apresentavam esse risco pode ser desastrosa, aumentando com frequência o risco de tentativas de suicídio.

O lítio também apresenta um efeito contra a impulsividade e agressividade. Mas qual a agressividade? Há dois tipos de agressividade, aquela que é premeditada (planejada) e a impulsiva, que ocorre no calor das emoções, quando a pessoa está de cabeça quente, e que normalmente leva ao arrependimento posterior. O lítio é eficaz somente no controle da agressividade impulsiva, que é a mais frequente.

Como o lítio é usado?

O aspecto principal do uso do lítio é o controle periódico de seus níveis no sangue e a verificação da função renal (dos rins) e da tireoide.

A concentração que uma pessoa tem de um medicamento no sangue tem uma relação com a dosagem que ela toma e com a velocidade do metabolismo ou da eliminação do medicamento do corpo dela. No caso do lítio, ele é excretado pelos rins na urina. Se uma pessoa tem rins que excretam muito, ela deve tomar uma dose maior do que uma pessoa cujos rins excretem menos, para ter a mesma quantidade no sangue. É como se houvesse um balde com um furo: para manter a mesma quantidade de água no balde, temos que ir repondo aquela que sai pelo furo. Se o furo for grande, muito mais quantidade de água deve ser colocada do que se o furo for pequeno. Portanto uma pessoa pode necessitar de dois comprimidos de lítio por dia e outra quatro para manter a mesma dose no sangue.

Desta forma, para estabelecer a dose certa e evitar doses tóxicas, deve-se fazer exames regulares: cinco dias após o início do uso do lítio e após cada mudança de dose. Quando a pessoa usa cronicamente o medicamento, de seis em seis meses no mínimo.

Como o lítio pode ser tóxico para os rins, a função renal deve ser medida periodicamente, através de exame de sangue e de urina. Eventualmente uma investigação renal mais completa pode ser necessária. O mesmo ocorre em relação à tireoide, já que o lítio pode provocar hipotireoidismo.

Quem não pode usar lítio?

O lítio não deve ser usado com pessoas que tenham certos problemas renais, disfunção do nó sinusal (que pode provocar arritmias cardíacas) ou psoríase. Essas condições podem ser agravadas pelo lítio. O lítio também não pode ser usado em pessoas que já usem certos medicamentos como o verapamil (usado para diminuir a pressão arterial e controlar certas arritmias no coração) e anti-inflamatórios que não são corticoides (aumentam a dose do lítio no sangue além de também serem tóxicos para os rins). É mais complicado usar o lítio em quem usa certos diuréticos, como a hidroclorotiazida, porque eles podem aumentar a dose do lítio no sangue.

Os efeitos colaterais do lítio

O lítio pode provocar vários efeitos colaterais, em geral dependendo da dose. Em doses normais, um pouco de náusea ou diarreia, um leve tremor nas mãos, que não tem nada a ver com doença de Parkinson, acne (espinhas) e um pequeno aumento no apetite (apesar de diminuir a impulsividade ao comer). Mais frequentemente pode ocorrer um aumento no volume da urina, que raramente é de tal intensidade que leve à interrupção do uso do medicamento. Algumas pessoas se queixam de um gosto de metal na boca e edema (inchaço), sobretudo nas pernas.

Hipotireoidismo (diminuição do funcionamento da tireoide) ocorre em aproximadamente 5% das pessoas que usam lítio cronicamente. O primeiro sinal do hipotireoidismo é o aumento do TSH, que é o hormônio liberado pela hipófise que ativa a tireoide. Um dos grandes problemas é que muitos endocrinologistas resistem em tratar aumentos pequenos de TSH que não tragam sintomas físicos. Entretanto, o primeiro sinal de hipotireoidismo pode ser psiquiátrico, traduzido em uma resistência ao tratamento nos transtornos de humor. Dessa forma, uma vez que o TSH tenha aumentado com o uso de lítio, ele deve ser corrigido com o uso de hormônio da tireoide para um melhor resultado no tratamento do humor. O hipotireoidismo não é motivo para suspender o uso do lítio.

O lítio mais raramente pode provocar aumento da creatinina sérica por alterar o funcionamento dos rins. Essa alteração, quando detectada a tempo, em geral é reversível. O medicamento deve ser suspenso e exames renais realizados. Em geral, deve ser evitado o uso desse medicamento novamente nesses pacientes. Como já foi mencionado, dosagens periódicas de hormônios da tireoide e da creatinina sérica, assim com exame de urina, devem ser feitos em quem usa lítio.

Com doses altas aumenta a chance da ocorrência de efeitos adversos e de intoxicações. Por exemplo, geralmente o tremor fica mais intenso e o aumento do volume urinário mais provável. Para evitar isso, as menores doses de lítio eficazes devem ser usadas no tratamento.

Sinais de intoxicação são tremor muito intenso, dificuldade de caminhar, de falar, confusão, náuseas e diarreia. A intoxicação por lítio aumenta muito a chance de um problema renal. Mas por que uma pessoa intoxica? Em geral, intoxica quem não está fazendo o controle correto, com os exames periódicos. Outra situação frequente que leva à intoxicação é quando são usados inadvertidamente medicamentos que aumentem a concentração do lítio no sangue, como anti-inflamatórios não esteroides (remédios para dor e inflamação como nimesulida, ibuprofeno, naproxeno, diclofenaco etc.) e certos diuréticos (como a hidroclorotiazida). Dieta sem sal e desidratação também aumenta a concentração de lítio no sangue e pode levar a intoxicação.

Durante a mania, a frequência cardíaca aumenta e a filtração pelos rins também. Isso leva a um aumento na retirada do lítio do corpo. Quando a pessoa melhora, com a diminuição da frequência cardíaca, a dosagem do lítio no sangue tende a aumentar e deve ser ajustada.

A parada do lítio

Se a decisão for parar o lítio depois de um tempo longo de uso, essa parada (quando possível) deve ser feita lentamente, muito lentamente. Paradas abruptas do lítio podem ser acompanhadas por risco de suicídio!

Todos os medicamentos têm mais ou menos efeitos colaterais e riscos. Quando se lê sobre esses efeitos e riscos, muitas vezes a tendência é querer evitar o uso. Entretanto, ao evitar tomar o remédio a pessoa está optando em ter a doença que ele visa tratar ou evitar. E geralmente a doença tem muito, muito mais risco. O lítio, apesar do controle necessário para seu uso, é um medicamento bem tolerado. A maioria das pessoas que fazem uso dele, o fazem por muitos anos, às vezes décadas, às vezes pela vida toda. É um medicamento que mudou para melhor a vida de milhões de pessoas, salvando a vida de muitas delas. Ainda hoje, setenta anos após, é a referência principal na profilaxia do transtorno de humor bipolar.

Carbamazepina (Tegretol)

Este foi o segundo medicamento a ser reconhecido como estabilizador de humor. Inicialmente por trabalhos japoneses na década de 70 e após norte-americanos no início dos anos 80. A carbamazepina é um anticonvulsivante (medicamento usado para epilepsia, convulsões) que tem alguns efeitos psiquiátricos. Ela é eficaz na profilaxia do transtorno de humor bipolar, inclusive na ciclagem rápida, e é capaz de controlar a hipomania/mania e o estado misto. Aliás, ela é bastante eficaz no estado misto. Além disso, tem um efeito contra a impulsividade e agressividade.

Ela tem poucos efeitos colaterais, mas alguns riscos. O ideal é usar a formulação de liberação lenta, que produz muito menos irritação no estômago além de permitir duas, e não três, tomadas ao dia. Pode ocorrer um pouco de sono, sobretudo no início do tratamento. Mais raramente, dor de cabeça e baixa na concentração de sódio no sangue. A ocorrência de diplopia (visão dupla) geralmente é o primeiro sinal de que a dose está excessiva. Em geral é um medicamento bem tolerado.

Entretanto, há eventos adversos raros que são perigosos. A carbamazepina pode provocar alergias graves. Claro, é raro, mas pode ocorrer. Há um exame genético (polimorfismos do sistema HLA classe I) que pode ser feito que identifica pessoas com maior risco. Outro efeito colateral bastante raro e perigoso é a agranulocitose, quando a produção dos glóbulos brancos, sobretudo os neutrófilos, pode ser inibida. A função dos glóbulos brancos é de defesa do organismo contra microrganismos. Quando diminuem, infecções podem ocorrer. Por fim, pode ocorrer raramente hepatite medicamentosa, que geralmente cede com a parada do medicamento.

Em função desses raros riscos, da mesma forma que com o uso do lítio, devem ser feitos exames periódicos em quem está usando a carbamazepina. No início do tratamento, os exames devem ser frequentes (semanais), depois de um tempo podem ser a cada seis meses.

Outro aspecto importante relacionado à carbamazepina é que ela é um indutor do citocromo 3A4. Essa enzima é responsável pela metabolização de vários medicamentos e hormônios. A carbamazepina aumenta a quantidade desse citocromo, aumentando o seu metabolismo. Um dos medicamentos que é metabolizado pelo 3A4 é a pílula anticoncepcional. Dessa forma, o efeito anticoncepcional da pílula diminui quando a carbamazepina é usada, e a mulher pode engravidar. Essa é uma informação muito importante, sobretudo porque a carbamazepina é teratogênica, pode provocar malformações no feto.

O ácido valproico (Depakene) e o divalproato (Depakote)
São praticamente o mesmo medicamento, com pequenas diferenças, e por isso serão explicados conjuntamente. Os dois medicamentos também são anticonvulsivantes (medicamentos usados na epilepsia), e na psiquiatria são usados na profilaxia do transtorno de humor bipolar, inclusive em pacientes com ciclagem rápida, e no tratamento da mania/hipomania e no estado misto. Também possuem um certo efeito anti-impulsivo, antiagressivo, mas acredito que seja menor do que o da carbamazepina.

Um efeito neurológico desses medicamentos é na prevenção da enxaqueca. Crises de enxaqueca podem ser um fator desencadeante de depressão, tanto em pacientes que sofram de depressão unipolar quanto de transtorno de humor bipolar. Por isso é vital o controle da enxaqueca em pacientes que sofram de transtorno de humor. E tanto o ácido valproico quanto o divalproato, usados diariamente, podem impedir a ocorrência de enxaqueca.

Os principais efeitos colaterais desses medicamentos são o enjoo e irritação do estômago (mais no início do tratamento), aumento do apetite e um tremor leve nas mãos que não tem relação com doença de Parkinson. Pode haver queda de cabelo e em mulheres podem provocar cistos nos ovários. Muito raramente pode ocorrer hepatite medicamentosa, que em geral é mais grave do que a que pode ser provocada pela carbamazepina. Eventualmente ocorre diminuição das plaquetas. Pancreatite em adultos é bem mais rara.

São medicamentos bastante teratogênicos, portanto não devem ser usados na gravidez. Por outro lado, não induzem citocromos, portanto a pílula anticoncepcional não perde o efeito com o uso desses fármacos. Em geral o divalproato tem um pouco menos de efeitos colaterais do que o ácido valproico. Em função desses riscos, assim como a carbamazepina, exames periódicos (mais frequentes no início do tratamento) devem ser realizados.

Lamotrigina (Lamictal)

Um outro medicamento que deve ser citado é a lamotrigina, mais um anticonvulsivante usado no transtorno de humor bipolar. Ele é eficaz na depressão bipolar porque tem um efeito antidepressivo e promoveria a estabilização do humor. Entretanto, alguns pacientes podem fazer viradas hipomaníacas ou maníacas com esse medicamento, ou seja, ele não é tão bom estabilizador de humor.

É um medicamento muito bem tolerado, mas pode provocar alergias muito graves (potencialmente mortais) com frequência. Para diminuir a chance de essas alergias ocorrerem, a dose deve ser aumentada muito lentamente, 25 mg/dia a cada duas semanas. A dosagem a ser alcançada é de 100 a 300 mg/dia, portanto pode levar meses para alcançar a dose eficaz.

Antipsicóticos

Vários antipsicóticos podem ser usados no transtorno de humor bipolar, tanto no tratamento da mania quanto na profilaxia. Nos anos recentes eles também têm sido propostos como potencializadores dos antidepressivos.

Na mania, como já foi mencionado anteriormente, o objetivo do tratamento é eficácia e rapidez. Isso em função dos riscos que a mania representa para o paciente, assim como para outras pessoas. Nesse caso, medicamentos antigos como o haloperidol (Haldol), ou modernos como a risperidona (Risperdal), a olanzapina (Zyprexa) e a quetiapina (Seroquel), entre outros, são eficazes e rápidos. O ideal é que o medicamento escolhido também tenha um efeito sedativo, para melhorar o sono do paciente e diminuir a agitação durante o dia. A privação de sono aumenta a mania ou a hipomania, portanto seu controle é fundamental.

Na profilaxia, talvez o medicamento mais usado entre os antipsicóticos seja a quetiapina, mas outros podem ser eficazes. A ideia de usar antipsicóticos no tratamento da depressão (unipolar ou bipolar) por um tempo foi muito estranha. Os antipsicóticos mais antigos podiam, inclusive, aumentar alguns dos sintomas de depressão, como a falta de prazer e de interesse e a apatia. O seu uso na depressão estava limitado a coadjuvantes dos antidepressivos para o tratamento da depressão com sintomas psicóticos (com delírios ou alucinações), fossem eles congruentes ou não ao humor. Entretanto, medicamentos que foram lançados comercialmente a partir do final da década de 80, dependendo da dose, apresentavam algum efeito antidepressivo. Com exceção da lurasidona (que pode ser usada isoladamente), seu uso na depressão é como um potencializador dos antidepressivos.

Amissulprida (Socian)

A dose antipsicótica da amissulprida é a partir de 200 mg/dia, mas na dose de 50 mg/dia ela apresenta o efeito, que se manifesta muito rapidamente, de aumentar o prazer e diminuir a apatia. Portanto, pode ser usada isoladamente em depressões leves que tenham essa característica ou, mais adequadamente, como um coadjuvante de antidepressivos em pacientes que, tendo melhorado de outros sintomas, ainda se sentem com pouco prazer ou apáticos.

Os principais efeitos colaterais nessa dose são um certo aumento do apetite e a possibilidade de aumentar um hormônio chamado prolactina. O aumento da prolactina pode provocar a diminuição da libido, o aumento das mamas e, eventualmente, a produção de leite. Mas essa é uma dose pequena e é mais frequente que nada disso ocorra.

Olanzapina (Zyprexa)
Este medicamento é tão potente em aumentar o efeito de certos antidepressivos, que há uma formulação nos Estados Unidos em que ele é vendido associado à fluoxetina. Ao contrário da amissulprida, o efeito potencializador ocorre nas mesmas doses do efeito antipsicótico.

No início do tratamento há uma melhora no sono, mas esse efeito frequentemente diminui com o uso. O que limita o emprego deste medicamento é o aumento do apetite (que geralmente provoca) e a possibilidade de aumento também do colesterol e da glicose. Como todo o antipsicótico usado em doses plenas, ele também pode provocar síndrome extrapiramidal. O que é isso? É uma série de efeitos neurológicos, relacionados aos movimentos, que ocorrem pela ação do medicamento em receptores de dopamina. O mais comum é uma pobreza de movimentos, o rosto fica sem expressão, a pessoa parece caminhar em bloco, mexendo pouco os braços, os passos ficam pequenos. É fácil de notar. O nome desse efeito colateral é parkinsonismo medicamentoso e é benigno, uma vez que parando o uso do medicamento ele desaparece. Se for importante continuar, há um outro medicamento (biperideno) que funciona como um antídoto. Raramente (bem raramente) pode surgir, com o uso crônico, movimentos anormais na boca, como se a pessoa mexesse no lábio ou na língua sem parar. Chamamos isso de discinesia tardia. Nesse caso, o ideal é interromper o uso do medicamento, porque esse efeito colateral pode se tornar irreversível.

Quetiapina (Seroquel)
A quetiapina pode aumentar o efeito de antidepressivos tanto em doses pequenas, quanto em doses em que ela exerce a

ação antipsicótica. Em geral, melhora a qualidade do sono, mesmo em doses pequenas, mas para isso a formulação de liberação imediata deve ser usada, já que a liberação lenta não provoca sono. Nessa formulação, o comprimido se dissolve rapidamente no estômago e no intestino, sendo também rapidamente absorvido. Esta rápida absorção provoca um pico de concentração do medicamento no cérebro, que provoca sedação e sono. Isso não ocorre na formulação de liberação lenta.

A eficácia em potencializar os antidepressivos me parece menor do que a da olanzapina, mas os efeitos colaterais principais, que são os mesmos, também são menores. É bastante rara a possibilidade de provocar o parkinsonismo medicamentoso.

Aripiprazol

Em doses bem pequenas (quatro a dez vezes menor que a menor dose antipsicótica) pode ser usado para potencializar os antidepressivos. O efeito é sobretudo na falta de prazer e de energia e na apatia. Além de ser um antipsicótico em doses maiores, ele também é eficaz no controle de sintomas obsessivo-compulsivos. Em geral, não aumenta o apetite, mas quando associado a antidepressivos que aumentem a neurotransmissão da serotonina (como os inibidores seletivos da recaptura de serotonina e os duais), pode haver aumento no peso em alguns pacientes. O efeito colateral principal é a acatisia, que é uma síndrome extrapiramidal caracterizada por uma grande ansiedade acompanhada por inquietude e vontade de caminhar. O caminhar e o mexer as pernas diminui um pouco a ansiedade causada pela acatisia.

Brexpiprazol (Rexulti)

Este medicamento foi desenvolvido para ser um potencializador de antidepressivos na depressão. É especialmente eficaz na depressão com sintomas ansiosos, em que age com mais rapidez. Isso não quer dizer que não funcione em depressões sem ansiedade. O seu efeito colateral principal é a acatisia, aquela ansiedade acompanhada por uma necessidade de mexer as pernas ou caminhar.

O brexpiprazol foi concebido para ser associado a antidepressivos, entretanto algumas associações são problemáticas. Ele é metabolizado pelo citocromo 2D6, a principal enzima que o transforma em um metabólico inativo. O citocromo 2D6 é inibido fortemente por três antidepressivos: a bupropiona, a paroxetina e a fluoxetina. Quando ocorre a associação com um desses medicamentos, a inibição do citocromo diminui muito a metabolização do brexpiprazol, levando a um aumento grande de seus níveis no corpo. Ocorrendo isso, seu efeito antidepressivo pode diminuir e aumentar os efeitos colaterais. Ele não aumenta prolactina, não provoca aumento do colesterol ou glicose, apesar de poder aumentar um pouco o peso.

Lurasidona (Latuda)
Este é o único antipsicótico que pode ser usado isoladamente no tratamento da depressão, sobretudo na depressão bipolar (apesar de poder provocar mania ou hipomania, sobretudo em doses baixas). Ele também pode potencializar medicamentos antidepressivos. O efeito colateral principal é a acatisia.

Tratamentos usando equipamentos
ECT (eletroconvulsoterapia)
A eletroconvulsoterapia, cujo apelido é ECT ou eletrochoque, mas que algumas pessoas chamam erroneamente de sonoterapia, é um tratamento baseado no fato de que convulsões têm efeito antidepressivo. Convulsões podem ocorrer como parte de uma doença chamada epilepsia. A pessoa fica

inconsciente, há uma contratura muscular generalizada e na sequência abalos musculares.

No passado, há quase cem anos, foi usado um medicamento para provocar essas convulsões. Mas isso era muito perigoso, porque não havia a possibilidade de controle do número, tempo ou intensidade das convulsões. Então foi desenvolvido um método mais seguro para desencadear essas crises: a administração de um choque elétrico que atravessa o cérebro provocando a convulsão, que dura de 25 a 40 segundos. A pessoa não sente o choque, porque ela imediatamente fica inconsciente. Esse choque não lesiona o cérebro. Mas é óbvio que a ideia de levar um choque na cabeça não é agradável e parece, à primeira vista, uma brutalidade. Isso gerou muitos preconceitos contra um tratamento que salva vidas por sua eficácia e rapidez. O nome sonoterapia foi adotado antigamente para enganar os pacientes, o que não é correto. A pessoa deve saber o que está sendo proposto, o porquê está sendo proposto, quais os possíveis benefícios, efeitos colaterais e riscos, e deve consentir para que o tratamento seja feito.

Como na crise convulsiva a contratura e os abalos musculares podem ser muito intensos, para evitar distensões musculares ou fraturas (que ocorriam raramente), é usado um relaxante muscular que funciona rapidamente e por pouco tempo. Precisa funcionar por três minutos somente. O uso desse relaxante muscular pode dificultar a respiração e isso é muito angustiante, por isso uma anestesia geral muito rápida, também por três minutos, é necessária.

Há algumas décadas os aparelhos de ECT produzem um tipo especial de onda elétrica e este estímulo é aplicado em um pulso muito breve, com duração de 0,5 a 4 milissegundos. Ele é aplicado através de dois eletrodos, mais frequentemente nas têmporas. São feitas duas a três aplicações por semana e, em geral, de quatro a doze sessões é um ciclo de tratamento.

A eletroconvulsoterapia é muito eficaz no tratamento da depressão, em geral mais do que os medicamentos. É usada sobretudo em casos de depressão refratária, em que várias tentativas medicamentosas falharam. Ela pode ser usada também quando há risco de suicídio, situação em que a rapidez e eficácia do tratamento são muito importantes. É especialmente eficaz em casos de depressão com sintomas psicóticos, sejam eles congruentes ou não ao humor e também em casos de depressão com sintomas catatônicos, em que há uma "paralisia" muscular associada ao quadro depressivo (trata-se de uma depressão muito grave e rara).

O que dificulta que esse tratamento seja feito com mais frequência é o custo, uma vez que é realizado em ambiente hospitalar, necessitando de anestesista e do equipamento para a produção do pulso de corrente elétrica adequada. Outro motivo é o preconceito, que muitas vezes não é só do paciente ou de sua família, mas também do médico. Tratamentos devem ser analisados de forma objetiva, balanceando o risco do tratamento e o risco da doença que ele visa tratar. Então quais são os riscos da eletroconvulsoterapia? O principal é a diminuição da memória, que pode ser intensa e que dura geralmente até um mês após o tratamento. Respeitados todos os procedimentos (estar em jejum, não ter infecção pulmonar, ter pressão arterial controlada, não ter osteoporose intensa...), é um tratamento bastante seguro, mesmo em pessoas idosas.

Fototerapia

No final da década de 70, foi realizado o primeiro tratamento com luz para a depressão sazonal (página 34). O objetivo era administrar uma luz forte o suficiente para mimetizar um dia de verão durante o inverno, assim influenciando o funcionamento de uma região do cérebro chamada de núcleo supraquiasmático. Esse núcleo é uma espécie de relógio biológico que sincroniza os ritmos diários (chamamos circadianos) do nosso corpo. A luz era administrada nas horas que no outono e no inverno eram noite, mas na primavera e no verão eram dia. Ou seja, o objetivo era transformar, pelo menos do ponto de vista da luz, o outono ou inverno em uma primavera ou verão.

A depressão sazonal ocorre no outono e inverno, sua causa provável é uma alteração nesses ritmos circadianos, provocada pela diminuição no tamanho do dia que ocorre nessas estações (obviamente em locais em que ocorra essa variação durante o ano). Quem mora próximo à linha do equador não vivencia essa variação da duração da noite e do dia durante o ano, mas nos estados mais ao sul do Brasil ela ocorre.

Posteriormente foi verificado que uma luz azul de uma intensidade determinada aplicada das 7h às 7h30 da manhã era suficiente para obter o mesmo resultado (o tempo de exposição e o horário são muito importantes para que o tratamento seja efetivo), e aparelhos foram desenvolvidos nesse sentido. Esses aparelhos são bastante compactos e leves, e a luz funciona a partir de sua percepção pela retina (a pessoa deve ficar de olhos abertos, a certa distância do aparelho, não precisa olhar diretamente para a luz, pode ler, trabalhar no computador, comer... naquela meia hora diária). O efeito benéfico inicia do terceiro ao quinto dia de tratamento, geralmente em duas semanas é bem intenso. Quem melhora deve manter o tratamento durante todo o período de outono e inverno, caso contrário, com a mesma rapidez em que há o controle da depressão sazonal, ela retorna.

Há um tratamento que é o oposto e pode ser usado como coadjuvante de medicamentos em episódios de mania: o uso de óculos com lentes amarelas que filtram a luz azul, não deixando a luz com esse comprimento de onda chegar à retina. Ele deve ser usado a partir das 18 horas. O princípio é o mesmo:

enquanto o tratamento com luz interrompe o ciclo de funcionamento do núcleo supraquiasmático e interrompe a liberação da melatonina, os óculos fazem o contrário, dão início à maior atividade desse núcleo e à secreção da melatonina.

Estimulação magnética transcraniana

Esta técnica visa modificar a atividade de regiões do córtex cerebral através de uma estimulação magnética. Estímulos magnéticos intensos são aplicados através de um aparelho (a bobina que gera o campo magnético) que é colocado em locais determinados bem próximos à cabeça do paciente, para ativar ou desativar a atividade neuronal em regiões específicas do cérebro. O que determina o efeito de ativação ou desativação são parâmetros do campo magnético aplicado. Há vários estudos demonstrando sua eficácia no tratamento da depressão (Brunoni et al., 2017).

Estimulação cerebral profunda

Há técnicas de pesquisa que permitem visualizar a atividade cerebral, "ver" o cérebro funcionando. Quando são examinados pacientes deprimidos, uma das áreas do cérebro que apresenta maior atividade é o cíngulo anterior, abaixo do "joelho". O cíngulo é uma estrutura cerebral que forma uma espécie de C deitado de bruços, abraçando a área central do cérebro. O joelho do cíngulo é onde ele dobra, na parte anterior do cérebro (ver Figura 19).

Então surgiu a ideia de diminuir a atividade dessa região através da colocação de um eletrodo que libera uma pequena corrente elétrica. Essa técnica não é original para a depressão, foi baseada na experiência bem-sucedida de colocação de eletrodos no cérebro para o tratamento da doença de Parkinson. Resumindo, um marca-passo (semelhante aos que são colocados para regular o ritmo do coração) é colocado no peito do paciente (embaixo da pele). O marca-passo é composto de uma bateria e da parte eletrônica que regula a intensidade, frequência e tipo de corrente elétrica que é liberada pelo eletrodo. De lá partem dois fios que vão até o interior do cérebro, exatamente em um ponto determinado do cíngulo anterior (há pesquisas em que os eletrodos são colocados em outras regiões). Na ponta desses fios está o eletrodo, a parte do fio que libera a corrente elétrica.

Alguns estudos demonstraram a eficácia deste tratamento em depressões refratárias, entretanto ele ainda tem um caráter experimental.

Psicoterapias

Vários tipos de psicoterapias têm sido propostos para o tratamento da depressão, com maior ou menor sucesso. Desde terapias baseadas na teoria psicanalítica até a terapia interpessoal e a cognitiva, assim como terapias derivadas da cognitiva, como, por exemplo, a de esquemas, a dialética e a processual, entre outras. A eficácia na depressão dessas terapias difere bastante.

A primeira questão a se considerar é se a terapia pode substituir o medicamento. A resposta é sim e não. Alguns pacientes podem melhorar somente com psicoterapia, outros somente com medicamento e outros vão requerer um tratamento combinado, medicamento e psicoterapia. Cada uma dessas modalidades de tratamento, medicamento ou psicoterapia, é eficaz para determinados aspectos do transtorno do humor. Portanto, em muitos casos acredito que não sejam tratamentos concorrentes, mas sim complementares. Ou seja, a questão não é exatamente de escolher entre esta ou aquela terapêutica, mas o que cada uma das modalidades de tratamento (ou a combinação entre elas) pode fazer em um paciente específico.

Há várias formas de explicar o que um e outro faz, mas

são baseadas na interpretação do que achamos que ocorre. Portanto, essas explicações podem estar equivocadas. A explicação para o efeito dos medicamentos é toda baseada em neurobiologia, e a das psicoterapias em processos psicológicos. Não há muito em comum nas teorias que orientem as duas abordagens. Então, basear todas as decisões em uma dessas teorias, especificamente, não é prático nem correto. Nenhuma pesquisa que demonstrou que um determinado medicamento é eficaz na depressão coletou todas as informações que os psicoterapeutas pesquisam. Nenhuma psicoterapia, para ser realizada, leva em consideração que o cérebro é composto de neurônios (entre outras células) e que esses neurônios formam circuitos funcionais. Portanto, não podemos usar os conhecimentos que embasam a prática da psicoterapia para decidir sobre o uso ou não de medicamento, muito menos de qual medicamento.

A decisão por usar um medicamento deve ser baseada em pesquisas que indicam que aquele tipo de depressão responde ao uso de antidepressivos. E isso independente do fato de aquele tipo de depressão poder se beneficiar ou não de psicoterapia. O importante é que a teoria que sustenta a psicofarmacologia só seja usada para as decisões em psicofarmacologia e, vice-versa, as teorias que embasam as psicoterapias só sejam usadas para decisões na psicoterapia (nunca na psicofarmacologia). Pode-se usar as duas técnicas no mesmo paciente, mas infelizmente hoje ainda não se pode integrar as explicações.

Então a primeira regra é: não interessa porque funciona, mas se funciona ou não!

A segunda questão importante é em que a psicoterapia funciona. Ela pode ser usada como o tratamento para a depressão ou como um tratamento para aspectos da depressão. Por exemplo, ela pode ser útil na depressão de longa duração, em que através dos meses ou anos a pessoa viu a si e ao mundo através de um viés negativo. Não interessa se esse viés tenha sido causado por uma depressão de causa biológica, esse viés negativo muda com a melhora do humor, mas não completamente. Mesmo com a melhora da depressão, não é tão automática a reversão de meses ou anos de uma visão negativa de si e do mundo. A continuidade dessa visão negativa não só diminui as possibilidades da pessoa (não acredita em suas capacidades, em oportunidades etc.), como também favorece a volta de episódios depressivos. Em muitos pacientes a psicoterapia pode ser muito importante tanto no controle da depressão quanto no restabelecimento das potencialidades da pessoa.

Psicoterapias podem ter como objetivo final ou a mudança do viés cognitivo e emocional, ou a regulação emocional. Aqui estou usando uma linguagem bem moderna, que vem da neuropsicologia. Claro que se perguntarmos a um psicoterapeuta de orientação analítica qual o objetivo, ele provavelmente dirá que é a resolução de conflitos subjacentes. Mas isso é somente uma teoria.

Vamos imaginar uma pessoa com transtorno de humor bipolar e ciclagem rápida, com muitos episódios de depressão e de mania ao ano, com variações rápidas do humor. Como as opiniões que temos dependem de nossas emoções, essa pessoa tem uma instabilidade muito grande de opinião. A psicoterapia pode ser de grande utilidade para esses pacientes. Claro que ela não vai controlar as variações de humor, o medicamento é necessário, mas pode contribuir muito para a estabilidade desse paciente, fornecendo a compreensão dessa inconstância, ajudando na regulação emocional e na mudança de estilo de vida que favoreçam a melhora do humor.

Dessa forma, independente do porquê são eficazes, as psicoterapias podem ser úteis no tratamento de pacientes com transtornos de humor, não sendo tratamentos concorrentes com a medicação, e sim complementares.

As principais psicoterapias hoje disponíveis são, por ordem de descoberta, a psicanálise ou de orientação psicanalítica ou a cognitiva e terapias derivadas da cognitiva (esquemas, dialética, processual, entre outras).

Psicanálise e psicoterapia de orientação analítica

A psicanálise, criada inicialmente por Freud no início dos anos 1900 e modificada por vários outros psicanalistas na sequência, foi o tratamento que inaugurou a era das psicoterapias. Na época em que foi criada, representou uma revolução no pensamento vigente. Ela é baseada na teoria de que eventos na infância moldam as experiências na idade adulta. O tratamento é feito através da identificação, com o uso de técnicas específicas, de conflitos cuja gênese foi na infância e que estejam reprimidos no inconsciente.

Na sua forma original é um tratamento longo e dispendioso. Uma forma mais viável em função do custo (frequência menor de consultas) e dos objetivos é a terapia de orientação analítica, em que conceitos e algumas técnicas geradas pela psicanálise são usados.

Há vários tipos de terapias psicanalíticas, uma vez que diversos autores, como Melanie Klein, Jung, Winnicott, Lacan foram propondo modificações na compreensão e na prática originalmente proposta por Freud.

Terapia cognitivo-comportamental

Terapia cognitivo-comportamental, também conhecida como TCC, é uma terapia baseada no fato de que a cognição pode gerar emoções e comportamentos. Caso essa cognição seja disfuncional, ela pode contribuir para emoções e comportamentos igualmente disfuncionais. Exemplo, se uma pessoa é convidada para uma festa e seus primeiros pensamentos acerca deste convite é que pode haver muitas pessoas desconhecidas, que poderá ficar isolada, que terá dificuldade de interagir e ficará constrangida, a emoção que esses pensamentos provocam é negativa e provavelmente sua atitude será recusar o convite. Por outro lado, se pensar que pode ser uma oportunidade de encontrar amigos, se lembrar de outras festas onde foi bem recebida, inclusive por desconhecidos, que pode ser uma experiência divertida, a emoção provocada por esses pensamentos será positiva e ela provavelmente aceitará o convite. A terapia cognitivo-comportamental visa, através de várias técnicas, adequar o pensamento à realidade e não às crenças disfuncionais ou vieses emocionais inadequados.

Ela foi criada na década de 60 e popularizou-se por ser uma terapia eficaz, em que os resultados são obtidos com rapidez. Muitas vezes é vista como uma terapia superficial, que não muda essencialmente a pessoa, o que não é verdade. Trata-se de uma terapia complexa, que exige atuação ativa e constante do terapeuta durante as consultas, capaz de modificar tanto crenças disfuncionais superficiais quanto as mais profundas. Como essas crenças influenciam tanto a interpretação de fatos quanto as expectativas, as mudanças provocadas pela TCC são muito significativas. É uma terapia eficaz no tratamento de depressões.

Várias terapias foram desenvolvidas a partir da TCC original, como foi proposta por Aaron Beck. Algumas delas veremos a seguir.

Terapia de esquemas

A terapia de esquemas, derivada da TCC, criada por Jeffrey Young, foi inicialmente pensada visando o tratamento de disfuncionalidades ligadas à personalidade. Com o tempo foi sendo aplicada em várias outras situações, inclusive depressões. Ela é baseada na teoria de que haveria dezoito tipos de esquemas mentais-comportamentais disfuncionais (recentemente o número de esquemas possíveis foi aumentado, mas aqui vamos nos ater aos dezoito inicialmente propostos). Por esquema se entende um padrão organizado de emoções e comportamentos, que se desenvolvem pela interação entre os padrões inatos e as vivências daquela pessoa. Esses dezoito esquemas são subdivididos em cinco subtipos. Por exemplo, no subtipo de evitação e rejeição, um dos cinco esquemas é o de deficiência e vergonha, em que a pessoa cronicamente sente vergonha de si, sente-se inferior, indigna de ser amada. Já no subtipo prejuízo na autonomia e performance, um dos quatro esquemas é o de fracasso, em que a pessoa cronicamente sente-se destinada ao fracasso e com uma constante desesperança. Vários desses esquemas estão relacionados a emoções e comportamentos típicos da depressão. A terapia é composta de várias técnicas visando a identificação e mudança desses esquemas.

Terapia dialética

Esta terapia, criada nos anos 80 por Marsha Linehan, foi inicialmente proposta para o tratamento do transtorno de personalidade borderline e posteriormente aplicada a outros transtornos psiquiátricos, inclusive os de humor. No transtorno de personalidade borderline, é considerada a primeira opção de tratamento.

Ela é baseada em uma série de técnicas, que visam a regulação emocional, a tolerância ao estresse, a eficiência interpessoal e a regulação da atenção e do pensamento consciente (também conhecido como *mindfulness*). Devido a essa capacidade de melhorar a regulação emocional, esta terapia tem sido vista como útil no tratamento de pacientes com transtorno de humor bipolar.

Terapia processual

Desenvolvida pelo psiquiatra brasileiro Irismar Reis de Oliveira, esta terapia desenvolve-se como se fosse um julgamento jurídico, daí seu nome. Uma série de técnicas baseadas na TCC visam modificar pensamentos e comportamentos disfuncionais. O desenrolar da terapia, baseada na obra de Franz Kafka (*O processo*), visa colocar crenças arraigadas em julgamento, o paciente se colocando na posição de réu, de promotor, de advogado de defesa, de testemunha e de jurado. Ela tem sido empregada com sucesso no tratamento de transtornos de humor.

Medidas relacionadas ao estilo de vida que são úteis para o tratamento

Várias questões ligadas ao estilo de vida, como sono, exercício, alimentação, consumo de bebidas alcoólicas ou de drogas e redes sociais podem mudar o prognóstico tanto da depressão quanto do transtorno de humor bipolar. Portanto é muito importante levar a sério essas recomendações, elas são essenciais ao tratamento.

Sono

A depressão pode alterar o sono de várias formas. É muito comum a insônia de meio e final de noite. Em alguns pacientes ocorre um aumento de sono durante o dia, como na depressão sazonal. São padrões que a depressão, na sua neurobiologia, acaba provocando. Quando a pessoa com depressão dorme durante o dia, em geral acorda pior da depressão. É o mesmo fenômeno que faz com que ela esteja pior pela manhã e melhor à medida que o dia vai passando. Se dorme durante o dia, essa melhora é interrompida. Além disso, dormir de dia em geral agrava a insônia noturna, fazendo com que muitas pessoas troquem o dia pela noite. A depressão tem aspectos importantes ligados aos ritmos biológicos, e dormir no horário errado só agrava essas alterações cronobiológicas ligadas a ela.

No caso do transtorno de humor bipolar, é ainda mais importante observar o correto horário de sono, uma vez que **a privação de sono pode desencadear ou agravar** casos de mania ou hipomania. É importante frisar bem isso: pode e frequentemente desencadeia. É quase impossível controlar um transtorno de humor bipolar sem que o sono esteja correto, a pessoa dormindo na hora certa. Aqui não é só importante o tempo de sono, mas também o horário em que está dormindo. Ou seja, faz parte do tratamento do transtorno de humor bipolar dormir na hora certa pelo número adequado de horas.

Um dos motivos pelos quais o transtorno de humor bipolar é tão sensível à privação de sono é que essa privação provoca o aumento no funcionamento de enzimas relacionado ao metabolismo de neurotransmissores.

Para ajudar a promover o sono correto, é importante que eletrônicos (smartphones, por exemplo) não sejam usados à noite e que o alerta das mensagens seja desligado. Alguns smartphones têm a opção de um modo noturno, em que a luminosidade da tela é alterada na tentativa de não atrapalhar o sono. Além disso, o consumo de cafeína deve ser interrompido a partir das 16 horas.

Exercício físico

Geralmente pessoas com depressão ficam inativas, o que é um problema adicional, uma vez que o exercício físico pode melhorar a depressão. Em algumas pessoas esse efeito pode ser menor, em outras, bastante significativo. Quanto mais vigoroso o exercício, maior o efeito. Dessa forma, é importante que pessoas que sofrem de depressão não fiquem sedentárias. É mais fácil falar do que fazer, uma vez que a depressão em geral tem como sintomas a falta de interesse, prazer, energia, iniciativa, a sensação de cansaço e de lentidão, tudo corroborando para não se exercitar.

Vários motivos podem estar por trás desse efeito do exercício na depressão. A atividade física diminui a inflamação (Rethorst et al., 2013), libera neuropeptídios como a beta-endorfina, neurotransmissores e promove neurogênese (formação de neurônios e de novas sinapses). O músculo é um órgão secretor e o exercício físico acentua muito essa característica. Várias das substâncias que ele secreta têm ação no cérebro, interferindo positivamente em sistemas relacionados ao humor (Pedersen, 2019).

Alimentação

Alimentação é algo muito complexo, e muitas vezes a medicina influenciou a dieta das pessoas de forma desastrosa. É só lembrar as campanhas contra o colesterol, em que era preconizado diminuir a ingestão de gordura e aumentar a de carboidratos (década de 70). A consequência foi um grande aumento da obesidade.

Mas sabemos que uma alimentação "saudável" pode ajudar no tratamento dos transtornos de humor (tanto da depressão quanto do transtorno de humor bipolar). Exatamente o porquê, não sabemos. Entre os motivos pode estar a prevenção da obesidade, questões ligadas à flora intestinal, o consumo de alimentos processados e a carne.

A obesidade pode afetar transtornos de humor de várias formas. Por exemplo, a obesidade é inflamatória e a inflamação aumenta os transtornos de humor. Esse pode ser um motivo. Outro é que a obesidade altera a fisiologia do corpo, por exemplo, a secreção de vários hormônios que podem influenciar o humor. A obesidade, em geral, leva ao sedentarismo, que como já vimos tem um efeito negativo nos transtornos de humor.

Além disso, a obesidade pode diminuir a autoestima, em função do ideal de beleza atual que favorece pessoas magras.

Uma alimentação não saudável pode levar a uma alteração da flora intestinal (bactérias do intestino). Por mais incrível que possa parecer, a flora intestinal é importante para o funcionamento do cérebro e, por consequência, para os transtornos de humor. Como é isso? Temos uma quantidade enorme de bactérias no nosso intestino, muito mais do que células no nosso corpo. Essas bactérias são importantes por muitos motivos. Além de ajudarem a digerir alimentos e de terem um efeito protetor contra certas toxinas e microrganismos, ajudam a regular algumas funções do nosso corpo. Mas elas devem ficar no interior do intestino. Além disso, ter os tipos certos de bactérias e a proporção correta entre elas é importante para a função que exercem. Em algumas situações, essas bactérias podem entrar no corpo por pontos frágeis do intestino. Nesse caso, dependendo da bactéria, o resultado pode ser desastroso. Por exemplo, em consequência desta invasão pode ser ativada uma enzima chamada de triptofano 2,3-dioxigenase, e isso faz com que o triptofano seja usado para a formação, após algumas etapas, do ácido quinolínico. Além de provavelmente diminuir a produção de serotonina, de aumentar a inflamação e o estresse oxidativo, esse desvio metabólico através do aumento do ácido quinolínico promove não só a depressão como o risco de suicídio. Dietas saudáveis são importantes para manter a flora intestinal saudável.

Dieta alimentar saudável é basicamente uma dieta com menor proporção de carboidratos, o mínimo possível de alimentos processados e com a presença de carne. Sim, parece que a carne é importante na dieta ocidental para o bom funcionamento do nosso cérebro. Substituir a carne em uma dieta vegana ou mesmo vegetariana pode ser complicado no Ocidente. Não é o caso da Índia, onde há uma tradição vegetariana, em que a cultura através dos séculos depurou que misturas de alimentos nessa situação são saudáveis. Dieta é algo muito complexo, a mudança dos hábitos alimentares pode ser desastrosa, e o melhor exemplo foi a tentativa de baixar o colesterol restringindo o consumo de gordura animal e promovendo o consumo de carboidratos mencionada anteriormente. A epidemia de obesidade que, em primeiro lugar os Estados Unidos e depois o mundo experimentaram, foi em grande parte devido a recomendações que foram avalizadas pela medicina!

Nossa dieta é pobre em um ácido graxo essencial chamado ômega-3. Ácido graxo essencial é aquele que o nosso corpo não produz, ou seja, temos que comer. O ômega 3 é importante para a estrutura e fisiologia da parede (membrana) dos neurônios, membrana que é formada por fosfolipídios. A estrutura do fosfolipídio é composta de três carbonos e a esses carbonos se ligam ácidos graxos. No segundo carbono pode ser ômega 3 ou outro tipo. Quando é o ômega-3, o fosfolipídio fica com a molécula mais ziguezagueada. A parede do neurônio é formada por uma dupla sequência de fosfolipídios, e quanto mais ziguezagueada a molécula, mais estável é essa membrana. É na membrana do neurônio que os receptores se encontram, e a estabilidade dela influencia na fisiologia desses receptores, podendo influenciar os transtornos de humor. Por exemplo, sabemos que altas doses de ômega 3 (doses supra fisiológicas, além do que naturalmente temos mesmo comendo peixe todos os dias) podem aumentar o efeito de estabilizadores de humor no tratamento do transtorno de humor bipolar (Stoll et al., 1999). Mas não é qualquer ômega 3 que tem este efeito, o mais importante parece ser o ácido eicosapentaenoico (EPA). E não foi demonstrado que doses habituais e ômega 3 possam ter este efeito.

Álcool

O álcool é um depressor do sistema nervoso central, ou seja, inibe a atividade dos neurônios. É por isso que diminui a ansiedade e provoca sono. Mas esse efeito depressor não ocorre em todo o cérebro ao mesmo tempo, ele começa pelo lobo frontal. Como o lobo frontal é uma espécie de gerenciador do comportamento e é vital na tomada de decisões, o seu menor funcionamento com o álcool faz com que a pessoa fique mais impulsiva, desinibida, e muitas vezes é esse efeito que quem usa álcool busca. O problema é que o lobo frontal é também uma espécie de gerenciador do humor, e o uso frequente do álcool pode atrapalhar os tratamentos antidepressivos e estabilizadores de humor.

Drogas

É muito difícil ter um resultado positivo no tratamento da depressão com o uso de certas drogas (com algumas delas, impossível). Elas são bem mais poderosas do que os medicamentos em alterar a fisiologia do cérebro.

Por exemplo, a cocaína promove a liberação em grande quantidade de neurotransmissores como dopamina e noradrenalina. Isso a princípio provoca um efeito euforizante. Em pacientes bipolares, essa liberação de neurotransmissores aliada à insônia pode desencadear quadros de mania ou hipomania. Essa grande liberação provoca depleção (diminuição da quantidade) desses neurotransmissores logo após, podendo agravar depressões em pacientes suscetíveis.

Os opioides (heroína, morfina, meperidina, oxicodona etc.) são substâncias que se ligam a receptores opioides, receptores esses que estão relacionados tanto com a dor física quanto com uma espécie de dor psicológica. O uso de opioides promove a diminuição da sensibilidade desses receptores, fazendo com que os opioides que temos naturalmente, a beta-endorfina por exemplo, tenham pouco efeito. A desregulação desse sistema é um grande fator de risco para o desenvolvimento e agravamento de transtornos de humor.

A maconha, que tem sido cada vez mais usada, é uma planta com muitos princípios ativos, que é como chamamos as moléculas que têm ação farmacológica (boa ou ruim). Um desses princípios ativos chama-se canabidiol e pode ser usado como medicamento para o tratamento da epilepsia, por exemplo. Outro, que ocorre em muito maior quantidade, é o tetraidrocanabinol (THC), que pode provocar psicose (Murray et al., 2016). A maconha pode provocar ou agravar a depressão (Goobi et al., 2019), e provavelmente o THC é o responsável por esse efeito.

Rede social (família e amigos)

Por que é tão importante para o ser humano ter amigos e pessoas próximas? Vamos lá. Um animal que nasce com muitos instintos vai ter um comportamento ditado por esses instintos. Nesse caso, quando o meio ambiente muda, a capacidade de adaptar-se a essa mudança é muito pequena.

A opção evolutiva dos mamíferos (e, portanto, do ser humano) foi aprender com o meio ambiente para melhor adaptar-se a variações ou mudanças. Para aprender, tiveram que nascer com menos instintos. Isso determinou que fossem dependentes da mãe ou do grupo. Não conseguem alimentar-se sozinhos e alguém deve ensiná-los. São dependentes por muito tempo; no caso do ser humano, por anos. Em função dessa necessidade, foi preciso desenvolver estruturas cerebrais que favorecessem os laços sociais, provocando prazer com o contato social e sofrimento com a falta deste. Isso permitiu a ligação do filhote com sua mãe e seu grupo e vice-versa, a ligação da mãe e do grupo com o filhote.

Ter uma rede social significativa (família e amigos) e ter contato com eles é importante no tratamento da depressão, uma vez que a solidão e a rejeição social causam sofrimento psíquico e são fatores de risco para o desenvolvimento e agravamento de quadros depressivos (Tough et al., 2017). Isto é especialmente importante em idosos (Domènech-Abella et al., 2017). O contrário ocorre com o contato e a aceitação social, que provocam sensação de bem-estar (Lieberman, 2013).

CONCLUSÕES

Antigamente o paciente era "paciente". Ou seja, aceitava sem questionamentos e sem compreensão as decisões dos médicos. Isso não é correto. A pessoa que sofre tem o direito (e em muitos casos o dever) de saber seu diagnóstico ou os possíveis diagnósticos alternativos, o grau de certeza do médico, a natureza da sua doença, os possíveis tratamentos (possibilidades de benefícios e efeitos colaterais), saber seu prognóstico e participar das decisões.

Eu procurei várias vezes pontuar a diferença entre a depressão bipolar e a unipolar, questão crítica que infelizmente ainda atrapalha muitos tratamentos. A primeira etapa de um tratamento é o diagnóstico. Se o diagnóstico for equivocado, a chance de o paciente não melhorar é grande e a chance de piora é real.

O objetivo deste livro foi dar uma ideia, para quem não é um profissional desta área, do que são os transtornos de humor (depressão, hipomania, mania e estado misto). Quais os sintomas, como fazer o diagnóstico, possíveis tratamentos etc. Explicar para quem sofre ou para os familiares o que são essas doenças. Claro que quem só é curioso e quer se informar também pode ler! Informação é poder. Quanto mais aquele que sofre de um transtorno de humor souber a respeito do seu problema, mais controle terá sobre ele. A informação diminui o preconceito que sempre acompanhou a psiquiatria. Um preconceito que talvez, em parte, venha do medo do desconhecido, e a informação diminui esse medo, coloca as coisas na perspectiva correta.

REFERÊNCIAS

ALBAUGH, M.D.; OTTINO GONZÁLEZ, J.; SIDWELL, J.; LEPAGE, A.; JULIANO, C.; OWENS, M.M.; CHAARANI, B.; SPECHLER, P.; , FONTAINE, N.; RIOUX, P.; LEWIS, L.; JEON, S.; EVANS, A.; D'SOUZA, D.; RADHAKRISHNAN R.; BANANASCHEWSKI, T.; BOKDE, A.L.W.; QUINLAN, E.B.; CONROD, P.; DESRIVIÈRES S.; FLOR, H.; GRIGIS, A.; GOWLAND, P.; HEINZ, A.; ITTERMANN, B.; MARTINOT, J.L.; MARTINOT, M.L.P.; NEES, F.; ORFANOS, D.P.; PAUS, T.; POUSTKA, L.; MILLENET, S.; FRÖHNER, J.H.; SMOLKA, M.N.; WALTER, H.; WHELAN, R.; SCHUMANN, G.; POTTER, A.; GARAVAN, H.; IMAGEN, Consortium. Association of cannabis use during adolescence with neurodevelopment. *JAMA Psychiatry*, 78(9). 2021, p. 1-11.

AKISKAL, H.S.; PINTO, O. The evolving bipolar spectrum: Prototypes I, II, III, and IV. *The psychiatric clinic of North America*, 1999, p. 517-34.

AKISKAL, H.S.; WALKER, P.; PUZANTIAN, V.R.; KING, D.; ROSENTHAL, T.L.; DRANON, M. Bipolar outcome in the course of depressive illness. Phenomenologic, familial, and pharmacologic predictors. *Journal of Affect Disord*, 5(2), 1983, p. 115-28.

BARTH, J.; SCHUMACHER, M., HERRMANN-LINGER, C. Depression as a risk factor for mortality in patients with coronary heart disease: a meta-analysis. *Psychosom Med*, 66(6), 2004, p. 802-13.

BODINAT, C.; GUARDIOLA-LEMAITRE, B.; MOCAËR, E.; RENARD, P.; MUÑOZ, C.; MILLAN, M.J. Agomelatine, the first melatonergic antidepressant: discovery, characterization and development. *Nature Reviews Drug Discovery*, 9(8), 2010, p. 628-42.

BROWN, S.A.; INABA, R.K.; GILLIN, J.C.; SCHUCKIT, M.A.; STEWART, M.A.; IRWIN, M.R. Alcoholism and affective disorder: clinical course of depressive symptoms. *The American Journal of Psychiatry*, 152(1), 1995, p. 45-52.

BRUNONI, A.R.; CHAIMANI, A.; MOFFA, A.H.; RAZZA, L.B.; GATTAZ, W.F.; DASKALAKIS, Z.J.; CARVALHO, A.F. Repetitive transcranial magnetic stimulation for the acute treatment of major depressive episodes: a systematic review with network meta-analysis. *JAMA Psychiatry*, 74(2), 2017, p. 143-52.

BUSH, D.E.; ZIEGELSTEIN, R.C.; TAYBACK, M.; RICHTER, D.; STEVENS, S.; ZAHALSKY, H.; FAUERBACH, J.A. Even minimal symptoms of depression increase mortality risk after acute myocardial infarction. *Am J Cardiol*, 88(4), 2001, p. 337-41.

CZÉH, B.; LUCASSEN, P.J. What causes the hippocampal volume decrease in depression? *European Archives of Psychiatry and Clinical Neuroscience* 257. 2007, p. 250-60.

Diagnostic and statistical manual of mental disorders, DSM-5, *American Psychiatric Association*, 5° ed, 2013.

DOMÉNECH-ABELLA, J.; LARA, E.; RUBIO-VALERA, M.; OLAYA, B.; MONETA, M.V.; RICO-URIBE, L.A.; AYUSO-MATEOS, J.L.; MUNDÓ, J.; HARO, J.M. Loneliness and depression in the elderly: the role of social network. *Social Psychiatry and Psychiatric Epidemiology*, 52(4), 2017, p. 381-90.

GHAEMI, S.N.; HSU, D.J.; KO, J.Y.; BALDASSANO, C.F.; KONTO, N.J.; GOODWIN, F.K. Bipolar spectrum disorder: A pilot study. *Psychopathology*, 37, 2004, p. 222-26.

GOBBI, G.; ATKIN, T.; ZYTYNSKI, T.; WANG, ASKARI, S.; BORUFF, J.; WARE,, M.; MARMORSTEIN, N.; CIPRIANI, A.; DENDUKURI, N.; MAYO, N. Association of cannabis use in adolescence and risk of depression, anxiety and suicidality in young adulthood: A systematic review and meta-analysis. *JAMA Psychiatry*, 76(4), 2019, p. 426-34.

GOODWIN, F.K.; JAMISON, K.R. *Manic-depressive illness. Bipolar disorder and recurrent depression*. 2° ed, Oxford University Press, 2007a, p. 3-28.

GOODWIN, F.K.; JAMISON, K.R. op. cit., p. 411-62.

KESSLER, R.C.; GREEN, J.; ADLER, L.A.; BARKLEY, R.A.; CHATERJI, S.; FARAONE, S.V.; FINKELMAN, M.; GREENHILL, L.L.; GRUBER, M.J.; JEWELL, M.; RUSSO, L.J.; SAMPSON, N.A.; VAN BRUNT, D.L. Structure and diagnosis of adult attention-deficit/hyperactivity disorder: analysis of expanded symptom criteria from the Adult ADHD *Clinical Diagnostic Scale Arch Gen Psychiatry*, 67(11), 2010, p. 1168-78.

KIM,E.; LAUTERBACH, E.C.; REEVE, A.; ARCINIEGAS, D.B.; COBURN, K.L.; MENDEZ, M.F.; RUMMANS, T.A.; COFFEY, E.C. Neuropsychiatric complications of traumatic brain injury: a critical review of the literature (a report by the ANPA Committee on

Research). *Journal of Neuropsychiatry and Clinical Neurosciences*, 19(2), 2007, p. 106-27.

KROENKE, K.; SPITZER, R.L.; WILLIAMS, J.B.; LINZER, M.; HANH, S.R.; de GRUY, 3rd F.V.; BRODY, D. Physical symptoms in primary care. Predictors of psychiatric disorders and functional impairment. *Archives of Family Medicine*, 3(9), 1994, p. 774-79.

LIEBERMAN, M.D. *Social: why our brains are wired to connect*, 2013.

MILLER, A.H.; RAISON, C.L. The role of inflammation in depression: from evolutionary imperative to modern treatment target. *Nature Reviews Drug Discovery*, 16, 2016, p. 22-34.

MURRAY, R.M.; QUIGLEY, H.; QUATTRONE, D.; ENGLUND, A.; FORTI, M.D. Traditional marijuana, high-potency cannabis and synthetic cannabinoids: increasing risk for psychosis. *World Psychiatry*,15(3), 2016, p.195-204.

OHAION, M.M.; SCHATZBERG, A.F. Using chronic pain to predict depressive morbidity in the general population. *Archives Of General Psychiatry*, 60(1), 2003, p. 39-47

PEDERSEN, B.K. Physical activity and muscle-brain crosstalk. *Nat Rev Endocrinol*, 15(7), 2019, p. 383-92.

PRICE, J.; COLE, V.; GOODWIN, G.M. Emotional side-effects of selective serotonin reuptake inhibitors: qualitative study. *British Journal of Psychiatry*, 195(3), 2009, p. 211-17.

RETHORST, C.D.; TOUPS, M.S.; GREER, T.L.; NAKONEZNY, P.A.; CARMODY, T.J.; GRANNEMANN, B.D.; HUEBINGER, R.M.; BARBER, R.C.; TRIVEDI, M.H. Pro-inflammatory cytokines as predictors of antidepressant effects of exercise in major depressive disorder. *Molecular Psychiatry*, 18, 2013, p. 1119-124.

ROLLS, E.T. *The orbitofrontal cortex*. Oxford University Press, 2019, p. 191-227

RUGGERO, C.J.; ZIMMERMAN, M.; CHELMINSKI, I.; YOUNG, D. Borderline personality disorder and the misdiagnosis of bipolar disorder. *Journal of Psychiatric Research*, 44(6), 2010, p. 405-8.

RUSH, A.J.; TRIVEDI, M.H.; WISNIEWSKI, S.R.; NIERENBERG, A.A.; STEWART, J.W.; WARDEN, D.; NIEDEREHE, G.; THASE, M.E.; LAVORI, P.W.; LEBOWITZ, B.D.; MCGRATH, P.J.; ROSEMBAUM, J.F.; SACKEIM, H.A.; KUPFER, D.J.; LUTHER, J.; FAVA, M. Acute and longer-term outcomes in depressed outpatients requiring one or several treatment steps: A STAR*D report. *American Journal of Psychiatry*, 163(11), 2016, p. 1905-1917.

STOLL, A.L.; SEVERUS, W.E.; FREEMAN, M.P.; RUETER, S.; ZBOYAN, H.A.; DIAMOND, E.; CRESS, K.K.; MARANGELL, L.B. Omega

3 fatty acids in bipolar disorder: a preliminary double-blind, placebo-controlled trial. *Archives Of General Psychiatry*, 56(5), 1999, p. 407-12.

SUDERMAN, M.; BORGHOL, N.; PAPPAS, J.J.; SNEHAL, J.P.; PEREIRA, M.; PEMBREY, M.; HERTZMAN, C.; POWER, C.; SZYF, M. Childhood abuse is associated with methylation of multiple loci in adult DNA. *BMC Medical Genomics*, 7, 2014, p. 13.

TOUGH, H.; SIEGRIST, J.; FEKETE, C. Social relationships, mental health and wellbeing in physical disability: a systematic review. *BMC Public Health*, 17(1), 2017, p. 414.

WEAVER, I.C.G.; CERVONI, N.; CHAMPAGNE, F.A.; D'ALESSIO, A.C.; SHARMA, S.; SECKL, J.R.; DYMOV, S.; SZYF, M.; MEANEY, M.J. Epigenetic programming by maternal behavior. *Nature Neuroscience* 7, 2004, p. 847–54.

WILLIAMS, L.M. Precision psychiatry: a neural circuit taxonomy for depression and anxiety. *Lancet Psychiatry*, 3(5), 2016, p. 472-80.

CADERNO DE ILUSTRAÇÕES

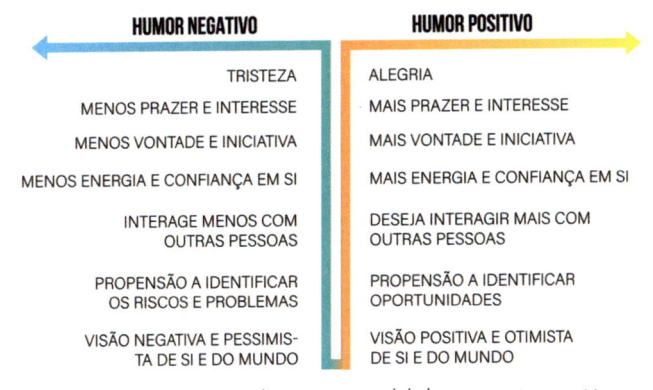

HUMOR NEGATIVO	HUMOR POSITIVO
TRISTEZA	ALEGRIA
MENOS PRAZER E INTERESSE	MAIS PRAZER E INTERESSE
MENOS VONTADE E INICIATIVA	MAIS VONTADE E INICIATIVA
MENOS ENERGIA E CONFIANÇA EM SI	MAIS ENERGIA E CONFIANÇA EM SI
INTERAGE MENOS COM OUTRAS PESSOAS	DESEJA INTERAGIR MAIS COM OUTRAS PESSOAS
PROPENSÃO A IDENTIFICAR OS RISCOS E PROBLEMAS	PROPENSÃO A IDENTIFICAR OPORTUNIDADES
VISÃO NEGATIVA E PESSIMISTA DE SI E DO MUNDO	VISÃO POSITIVA E OTIMISTA DE SI E DO MUNDO

Figura 1. Características da variação normal de humor negativo e positivo

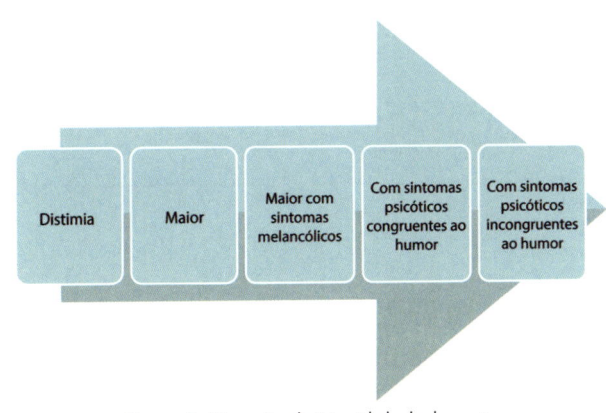

Distimia → Maior → Maior com sintomas melancólicos → Com sintomas psicóticos congruentes ao humor → Com sintomas psicóticos incongruentes ao humor

Figura 2. Dimensões da intensidade da depressão

Mania
■ Atividade
■ Cognição
■ Emoção

Depressão

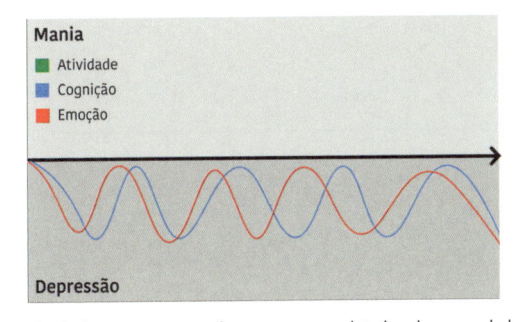

Figura 3. Exemplo de depressão com estado misto, em que dois dos elementos do humor (emoção e cognição) estão com características depressivas e a atividade com características maníacas/hipomaníacas

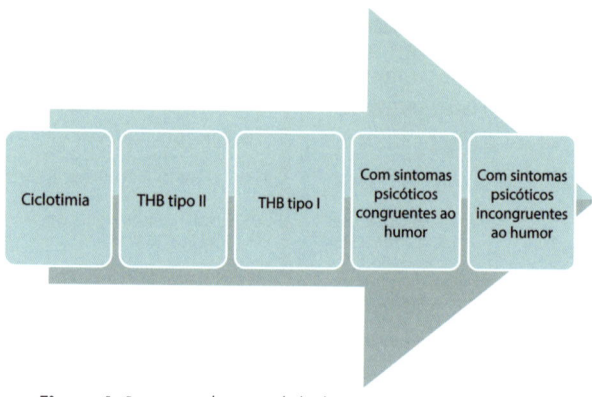

Figura 4. Dimensões da intensidade do transtorno de humor bipolar

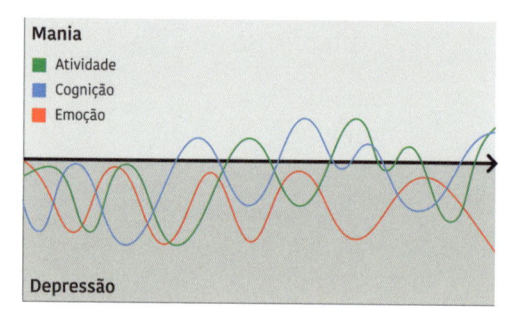

Figura 5. Exemplo de hipomania com estado misto, em que dois dos elementos do humor (atividade e cognição) estão com características maníacas/hipomaníacas e a emoção com características depressivas

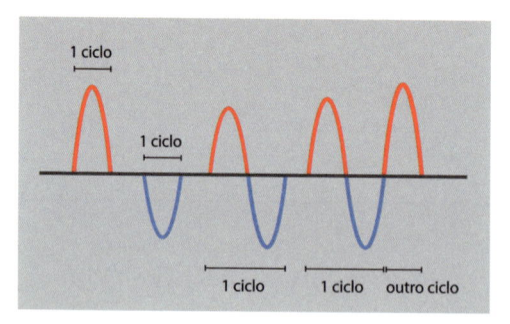

Figura 6. O que é um ciclo. Por exemplo, um período de depressão ou de mania/hipomania precedido e sucedido por períodos de humor normal é um ciclo. Uma sequência de mania/hipomania sucedida de depressão ou vice-versa também é um ciclo

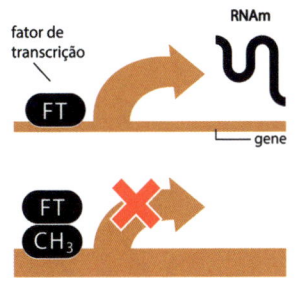

Figura 7. Como a metilação impede a transcrição gênica. Um grupo metila (CH3) se liga a mesma região do gene onde o fator de transcrição se ligaria, impedindo a "ativação" deste gene (impedindo a formação de RNA mensageiro)

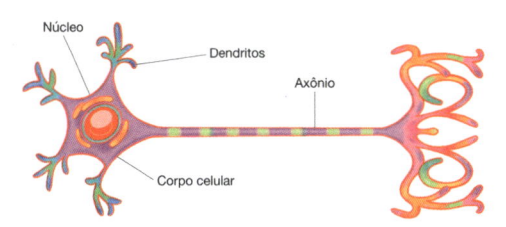

Figura 8. A estrutura do neurônio. Os dendritos recebem a informação de outros neurônios, estes se ligam ao corpo celular (onde está o núcleo e o material genético) e a informação é passada a outros neurônios através do axônio

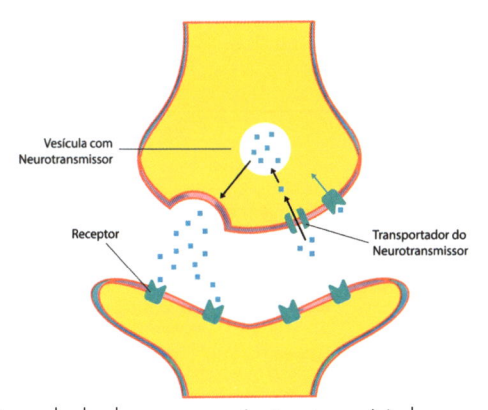

Figura 9. A sinapse, local onde ocorre a comunicação entre o axônio de um neurônio com o dendrito de outro neurônio, os neurotransmissores fazem esta comunicação. Quando o impulso nervoso chega ao axônio terminal, são liberados neurotransmissores que agem em receptores localizados nos dendritos do neurônio seguinte. Esta comunicação é interrompida pela recaptura destes neurotransmissores pelo próprio neurónio que os liberou, através de proteínas chamadas de transportadores

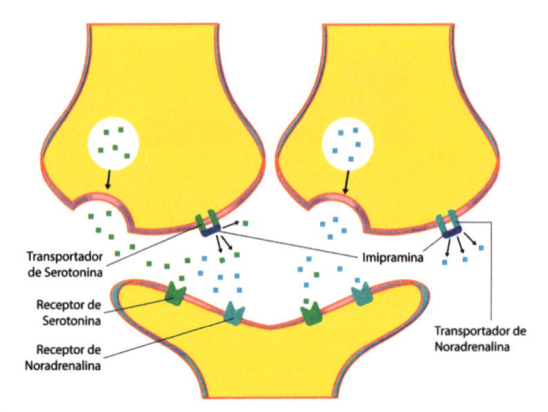

Figura 10. Efeito da imipramina impedindo a recaptura de noradrenalina e serotonina. A imipramina se liga ao transportador dos neurotransmissores serotonina e noradrenalina, prolongando a ação destes

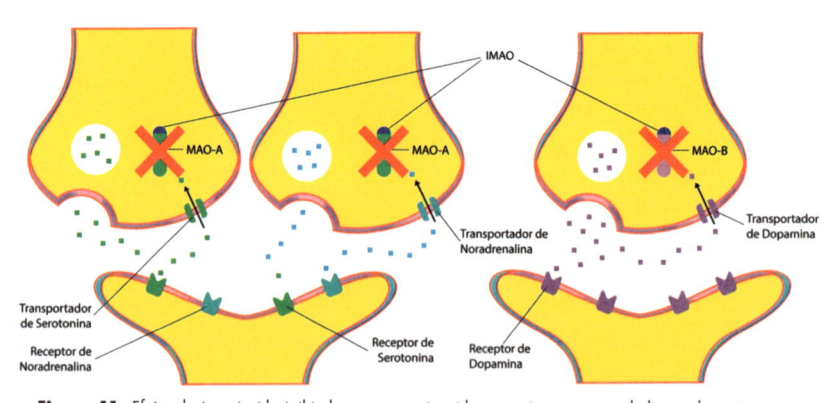

Figura 11. Efeito da iproniazida inibindo a monoaminoxidase, enzima que metaboliza a dopamina, noradrenalina e serotonina

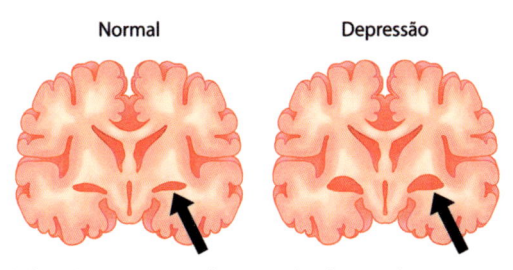

Figura 12. Onde fica o hipocampo e sua diminuição do volume na depressão, com o consequente aumento da cisterna (preenchida de líquido cefalorraquidiano) que o circunda

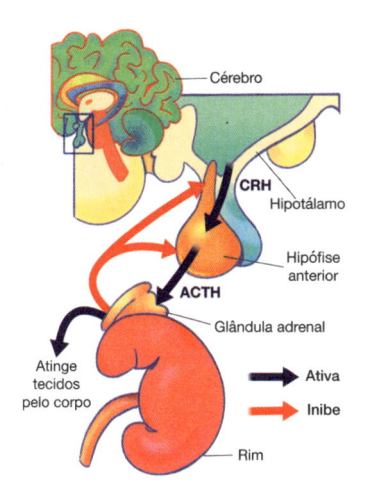

Figura 13. Eixo hipocampo-hipotálamo-hipófise-adrenal. O hormônio hipotalâmico CRH é liberado na hipófise anterior, onde vai promover a liberação o hormônio ACTH, que por sua vez através da circulação sanguínea na glândula adrenal promove a liberação do hormônio cortisol. Este por sua vez inibe a liberação de CRH e ACTH

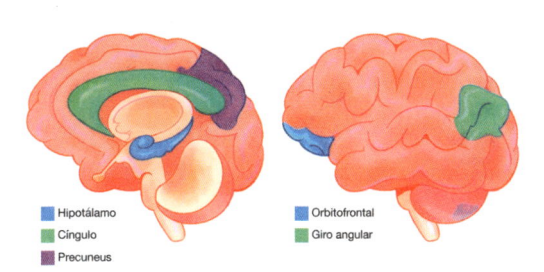

Figura 14. Região orbito-frontal, cíngulo anterior e posterior, hipocampo, precuneus e giro angular, regiões envolvidas na gênese dos sintomas relacionados aos transtornos de humor

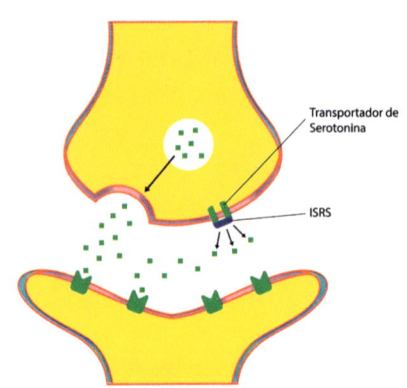

Figura 15. Mecanismo de ação do ISRS, ligando-se ao transportador de serotonina e dificultando a volta deste neurotransmissor ao neurônio que o liberou

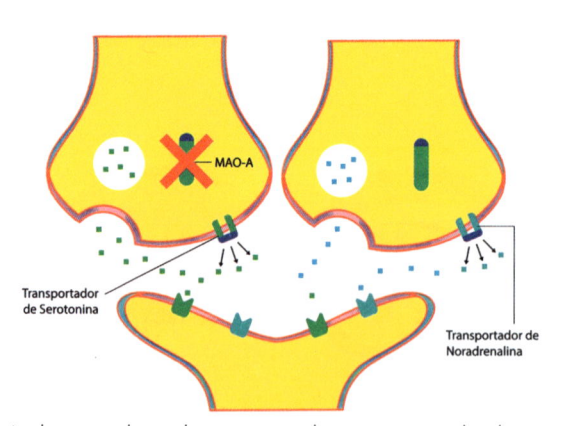

Figura 16. Antidepressivos duais inibem a recaptura de serotonina e noradrenalina, aumentando o efeito destes dois neurotransmissores

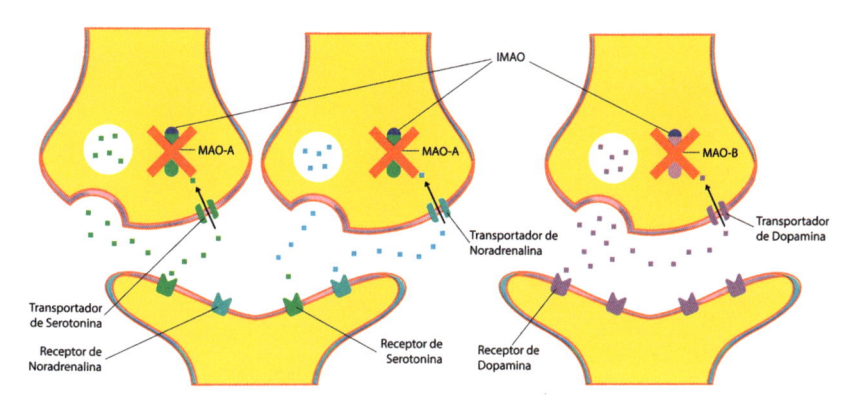

Figura 17. Mecanismo de ação dos IMAOs

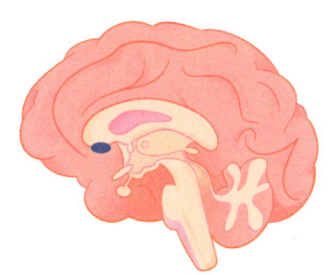

Figura 18. Região do cíngulo anterior cuja aumento da atividade tem relação com o desenvolvimento de depressão

lepmeditores
www.lpm.com.br
o site que conta tudo

IMPRESSÃO:

PALLOTTI
GRÁFICA

Santa Maria - RS | Fone: (55) 3220.4500
www.graficapallotti.com.br